全球化對中國
自主創新政策的影響

郭鐵成、郭麗峰、程如煙 著

崧燁文化

目　　　錄

序 / 001

第一部分　總論

第一章　創新全球化的進展和政策趨勢 / 003

一、創新全球化的程度 / 003

二、已開發國家創新國際化政策要點 / 005

三、已開發國家自主創新政策要點 / 008

第二章　中國自主創新面臨的國際機遇和困難 / 011

一、全球創新格局的新變化 / 011

二、制約中國自主創新的國際因素 / 013

第三章　自主創新政策的國際化理念 / 015

一、兼容性 / 016

二、公共性 / 016

三、市場化 / 017

四、法律化 / 018

第四章　面向全球的自主創新政策 / 019

一、採購內外資的創新過程及其產品 / 019

二、根據自主創新戰略整合全球創新資源 / 021

三、促進全球創新服務業向中國聚集 / 022

四、支持人才培養開發的國際化 / 023

第二部分 典型國家的創新全球化

第五章 創新全球化的特點 / 025
一、人才國際化 / 025
二、科學研究資金國際化 / 027
三、科學研究論文國際化 / 028
四、專利的國際化 / 029
五、國際技術標準 / 030
六、技術國際貿易 / 031
七、環境技術的國際化 / 031

第六章 已開發國家創新國際化的戰略重點 / 032
一、創新型國家（地區）的創新國際化戰略 / 032
二、科技國際化的通用做法和手段 / 037

第七章 已開發國家本土創新戰略及政策趨勢 / 044
一、自主創新是所有創新型國家的基本戰略與發展趨勢 / 045
二、各國支持本土創新的通用做法 / 051

第三部分 全球化下的中國自主創新

第八章 中國自主創新面臨全球化的新態勢 / 063
一、自主創新的國際空間大大增加 / 064
二、自主創新面臨上游國家激烈競爭 / 065

第九章 少數國家對中國自主創新政策的質疑 / 070
一、中國自主創新政策與全球化趨勢是否一致 / 071
二、中國自主創新政策是否排斥外資 / 074
三、少數國家為什麼對中國自主創新採取遏制政策 / 077
四、自主創新政策是否應該與政府採購政策脫鉤 / 088

第十章 中國鼓勵創新的政策與全球化趨勢一致性分析 / 085
- 一、中國鼓勵創新的政策措施 / 085
- 二、與國際普遍採用的創新政策比較 / 091
- 三、與WTO相關規則一致性分析 / 096

第四部分 新興創新政策工具

第十一章 國外創新政策啟示 / 101
- 一、英國企業創新政策的特點和對中國的啟示 / 101
- 二、英國「遠期約定採購」政策的探索 / 113
- 三、加拿大創新商品化計劃及其對中國的啟示 / 126
- 四、加拿大以國防政府採購帶動本土產業創新發展的啟示 / 132
- 五、OECD《需求面創新政策》報告對中國的啟示 / 143

第十二章 關於中國進一步實施創新券政策的若干問題 / 150
- 一、創新券的本質和特點 / 150
- 二、創新券的工具構成 / 153
- 三、創新券的管理機構 / 159
- 四、創新券的政策難點 / 160
- 五、創新券的政策優勢 / 163
- 六、創新券的政策趨勢 / 165

第十三章 創新券相關研究報告 / 169
- 一、用戶導向的政府創新投入政策——創新券 / 169
- 二、宿遷市「創新券」的啟示 / 176
- 三、新加坡創新券實踐及對中國的政策價值 / 184

序

　　自主創新是全球化的產物，如果沒有全球化，每個國家都是自己搞自己的，那就沒有什麼自主不自主的問題；只有全球化了，大家的門都打開了，都在一個盤子裡，才有自主不自主的問題。因此，自主創新天然包括對外開放，二者不構成對立面；自主創新的對立面是對外依賴。根據這個想法，我把題目的主題定為「全球化對中國自主創新政策的影響」，這樣就把題目做小了。

　　接下來，就組織選題組。第一個請的是郭麗峰副研究員任職於中國科學技術發展戰略研究院產業所。這位女士過去與我合作過，頭腦清楚，英語流利，熟悉產業技術創新政策，她本人也樂意參加。第二個，還想請一個熟悉國際科技發展情況的女士參加，就找到我的朋友——中國科學技術訊息研究所的程如煙研究員，希望她能夠從中信所推薦一個合適的人。過了兩天，如煙告訴我，不找別人了，她親自上陣。如煙長期翻譯、研究國際科技政策，積累良多，著述頗豐，她參加當然求之不得。就這樣，形成了研究三人組。實踐證明，三人組合作愉快，特別是在支持自主創新和維護國家利益的重大問題上，我們的意見完全一致，使我受到鼓舞。

　　整個課題從制定提綱到最後形成總報告，都是我們集體探討、共同研究的結果。其中，總報告即本書第一部分總論的第一、二、三、四章和第四部分的第十二章執筆人郭鐵成，第二部分的第五、六、七章的執筆人程如煙，第三部分的第八、九章執筆人郭鐵成、郭麗峰，第十章和附表一、附表二執筆人郭麗峰。課題的聯絡、協調工作由郭麗峰承擔。

需要特別感謝的是徐冠華院士。他主張自主創新，在他任中國科技部長期間，實行了自主創新戰略。因此，他對本課題很重視，給予多次重要指導。在課題開題會和專家會上，曾對本課題提出過修改意見的同志還有國家外專局的馬俊如，中科院的顧淑林，北京大學的路風、王緝慈，中國科學技術發展戰略研究院的王元、王奮宇，中國科技部人才服務中心的高昌林（當時在戰略院），華大基因公司的朱岩梅（當時在同濟大學）等，在此一併致謝。

結題後，課題組商定把研究成果結集出版。我和郭麗峰負責全書統編。但由於我俗務纏身，郭麗峰借調到政府機關工作，程如煙還有更重要的任務，這件事就拖了下來，但一直沒停，斷斷續續進行。這期間，我主持的其他一些課題，有些成果也涉及到全球化與自主創新政策，我就要郭麗峰把這些成果也收到書中出版，以方便讀者集中進行相關閱讀，這就是書第四部分第十一章和第十三章。其中，第十一章第一節作者邱曉燕、郭鐵成，第二節作者王文濤、郭鐵成、邱曉燕，第四節作者孔欣欣，第五節作者彭春燕；第十三章第一節作者郭麗峰、郭鐵成，第二節作者彭春燕、郭鐵成、曹愛紅，第三節作者駱慶生、郭鐵成。此外，鄧婉君、張換兆、趙晶撰寫的「加拿大創新商品化計劃及其對中國的啟示」一文，介紹了一種新興的創新政策工具——前商業化採購，經徵得作者同意，也一併收入本書作為第十一章第三節。第四部分的知識產權由原作者所有，收入本書的責任由我來負。我和郭麗峰商定了全書大綱，郭麗峰統編了全書文字，我審定了主要章節。

郭鐵成

第一部分 總論

第一章 創新全球化的進展和政策趨勢

　　全球化的核心內容之一，就是創新的全球化，包括創新資源配置的全球化、創新活動的全球化、創新服務的全球化。在創新全球化的條件下，一個國家特別是一個大國如果不能自主創新，沒有自己的核心技術，就無法最大限度地整合全球創新資源，在全球化中只能處於外圍和邊緣，充當高投入、高消耗、高排放的「世界工廠」。越是全球化越要求自主創新；反過來，越是自主創新，才越能最大限整合全球資源，深度參與全球化進程。歐盟委員會2010年發布的《歐洲中小企業國際化》報告顯示，歐洲中小企業的國際化程度越高，其創新能力就越強，發展速度也就越快。

一、創新全球化的程度

　　（一）人才國際流動的規模和速度增大，世界一流研究機構外籍科學家占30%—50%

　　當前，全世界約有2億人在出生地以外的國家工作生活，人口跨國流動的規模以3%的速度增長。博士生中外國學生占比增大，在美國、加拿大、法國、比利時和澳大利亞，外國博士生所占比率在25%—40%之間；在英國、瑞士和新西蘭，均超過了40%。

　　大學和研究機構中外籍科技人員比例提高，2007—2008財年美國高等院校中的外國學者有10.6萬人，比1993—1994財年增長了4萬

多人，日本大學2006年接受的外國研究人員達到3.5萬人。世界一流研究機構的人才國際化程度更高，如美國橡樹嶺國家實驗室35%的研究人員來自其他國家 [1]；日本理化學研究所外籍科學家所占比例為11%左右，其目標是把外籍科學家增至30%；德國馬普學會的外國訪問學者和研究生占其總人數50%左右。

（二）研發資金的國際流動量增加，來自國外的研發資金在歐洲已開發國家一般超過10%

2007年，歐盟27國中來自國外的資金在本國研發資金中所占的比例大約為10%，美國為14.4%，而奧地利、加拿大、匈牙利、荷蘭、斯洛伐克和英國超過了15%。

研發資金國際流動量增加很大程度上取決於跨國公司的全球研發布局。2008年，全球最大的100家跨國公司的跨國指數已經從1994年的40%提高到60%左右。另據統計，主要跨國公司的研發活動有1/3在海外進行。已開發國家仍是跨國公司的首選地，如美國跨國公司在其他已開發國家的研發投資占其對外研發投資的86.4%。

（三）科技產出的國際化程度增高，已開發國家的國際合作論文、國際專利占本國的比率均超過30%

1998—2008年，科學與工程領域的國際合著論文所占比例從8%增加到22%。美國的國際合著論文占本國論文總量的比例從20%增加到30%，法國從38%增加到52%，德國從36%增加到51%，英國從32%增加到49%，日本從17%增加到26%。

全球的三方專利申請量2007年為5.2萬件，比十年前增加了24%；PCT國際專利申請量2010年比2009年增長了4.8%，P　CT專利

申請中的國際合作專利所占比率從1996-1998年間的6.6%左右增加到2004—2006年的7.3%。美國、日本、德國等國向國外申請和獲得授權的專利占本國居民專利總數的比率都超過了30%。

（四）國際技術貿易活躍，專利轉讓和技術許可為成為主要形式

近年來，大多數經合組織國家的技術收入和支出數額都有較大增加。1996—2006年間，歐盟的技術貿易由赤字轉為盈餘，美國的技術貿易盈餘略有增加，日本技術貿易盈餘增加最多。從技術出口國來看，大多數採取專利轉讓和技術許可的貿易形式。

二、已開發國家創新國際化政策要點

（一）明確戰略定位和目標

大力開展歐盟成員國之間的合作是歐盟抗衡美日，加強歐洲整體競爭力的重要手段。歐盟創新國際化可以概括為「一心三圈」的梯度推進模型，即以實施研發框架計劃為中心，以成員國與準夥伴國為核心內圈，以已開發國家和新興經濟體為夥伴中圈，以廣大發展中國家為擴散外圈，合作的範圍與程度梯次推進。歐盟一些成員國也發布了國際化戰略，如英國於2006年發布了《研發國際戰略》，德國2008年發布了《增強德國在全球知識社會中的作用》的國際化戰略，芬蘭、瑞士等歐盟小國也均發布了創新國際化戰略。

美國國家科學委員會（NSB）2008年發布了《國際科學與工程合作》的政策文件，提出了三大戰略優先任務，一是制定國際科學和工程戰略，二是讓國際科學和工程合作成為美國外交政策和研發政策的一項優先任務，三是促進人才環流。

日本在第三期科技基本計劃中強調，要根據對象國的具體狀況，分別採取「競爭與協調」、「合作」、「援助」等不同方式，達成「爭奪人心、爭奪標準、爭奪人才」的目標。韓國正在實施的科技基本計劃——577戰略，提出改善國際共同研發體系。

（二）吸引和培養國際化人才

全世界有30多個國家制定了便利高技能人才入境的政策或計劃。美國透過增加H－1B簽證名額、招收外國留學生等手段吸收了大量外國優秀人才。日本的長遠目標是使留學生人數達到35萬人。歐盟仿效美國的綠卡制度建立了藍卡制度以吸引亞洲、非洲和拉丁美洲的高層次技術人才。印度、巴西、墨西哥等發展中國家則採取建立雙重國籍或特別綠卡等簽證制度、海外人才庫等吸引海外人才的政策措施。

很多國家也積極推動本國研究人員到國外一流科學研究機構學習、交流和研究，以便把其培養成具有國際視野的優秀人才。法國國家科學研究中心每年都花費2700萬歐元支持大約300名研究人員在美國從事研究，韓國除了每年向美國派遣幾千名留學生外，還有目的地選送專家和教授到美國學習科學技術。

（三）支持企業跨國創新

各國均高度重視和支持企業國際化，採取多種措施支持企業走出去，如以財政支持的形式幫助有國際市場的中小企業發展創新能力；透過撥款補貼的形式支持新興市場投資可行性研究，幫助企業進入國際市場；支持本土企業與非本土企業建立國際科技合作關係；以各種貿易保護措施維護本國企業的利益。

採取各種措施把外國企業吸引到本國來，包括給予外國企業國

民待遇，享受研發稅收減免，有資格申請國家科技計劃項目等，以獲取全球最新的研發資源。美國的競爭力計劃對外國企業開放；德國實施了「在德國研究」計劃，推動德國與國外新合作夥伴的合作研發；芬蘭創新中心網絡為外國企業提供獲得最新研發資源、開展合作研發的平台。

（四）強化對國際科技事務的主導權

氣候變化、糧食安全、傳染病等全球問題日益嚴峻，加強這些事務中的科技主導權成為各國的政策重點，一方面領導組織相關的大科學計劃，一方面加強在國際組織中的任職。國際大科學計劃和工程，如ITER、人類基因組計劃、太空站等計劃均由已開發國家領導的；在合作開展大科學研究計劃的過程中，各國高度重視科學研究主導權，包括項目管理機構的設置、項目實施地址和項目參加國家的選擇等。

美、英等先進國家是聯合國等眾多國際組織的發起國，他們透過在國際組織中占據主要職位、大量派駐工作人員等手段主導國際組織，影響國際規則的制定。近年來，日本為了在國際組織中發揮更大作用，加強了資金、機構、人才等方面的保障。

（五）擴大科技對發展中國家的影響力

先進國家以及一些新興國家加大在發展中國家部署科技力量的力度，美國開展了一系列的科技援外行動，包括任命三位傑出的科學家為科學特使派往北非、中東和南亞及東北亞國家，建立中東水資源卓越中心、亞洲區域氣候變化卓越中心、海灣核能基礎設施研究所等；日本啟動了「面向可持續發展的科技研究夥伴關係計劃」，對發展中國家的研究機構提供支持，當前其重點正逐漸轉向非洲；韓國對外科技援助的對像已經擴大到亞洲、非洲、拉美、獨

立國家國協以及中東等地區的發展中國家；歐盟也加強了與非盟和拉美地區的科技合作。

三、先進國家自主創新政策要點

（一）爭奪全球創新領先地位

國際上，各國都把自主創新戰略作為著眼於提高國家創新能力的宏觀戰略。當今世界幾乎所有國家特別是先進國家，都確立了自主創新戰略。真正的自主創新，是指能夠主要依靠自主的方法，推出對全球產業有影響的創新[2]，把爭奪全球創新領先地位作為國家目標。美國前總統歐巴馬高度重視自主創新（Home-grownInnovation），強調要保持美國的世界創新中心地位。《美國創新戰略》提出：提升美國創新的基礎能力，培養符合21世紀知識和技能需要的下一代人才；提升美國企業的創新能力；在國家優先領域催生重大突破，發動清潔能源革命，加快生物技術、奈米技術和先進製造的發展，提高空間能力和開發突破性應用技術。金融危機後，歐巴馬政府更加重視自主創新，在其《復興與再投資法案》中再次提出了購買美國條款來支持本土企業發展。

歐盟正在實施的「歐洲2020戰略」的核心是創新，要求歐盟把創新作為首要和壓倒一切的政策目標，在10年內把歐盟建設成為「創新型聯盟」。英國科技創新的目標是成為一個在科學和創新方面領先全球的國家，發展知識密集型產業，「搶占高端」。德國提出高技術戰略2020，開發和引領世界新的未來市場。

日本的「科技立國」戰略已經發展為「科學技術創造立國」戰略，強化各個領域和環節富有創新精神的研究，推動創造性自主技

術開發；韓國2020年產業技術創新戰略提出要實現從「快速跟蹤」戰略到「領先者」戰略的轉變，並實施「獨一」未來成長戰略，在特定領域占據全球領先地位。

（二）直接資助基礎性、公益性和共通性技術研發

在整個經合組織（OECD）內，經濟發展項目占政府研發比率，從1981年的25%下降至2005年的15%。WTO規則不限制政府對基礎研究的補貼，規定對產業研究的補貼不超過75%，對競爭前開發活動的補貼比例不超過50%。

在大多數國家，政府都是基礎研究的主要資助者。2009年美國聯邦政府對基礎研究的資助數額占聯邦研發預算的24%。美國政府的目標在十年間（2006—2015年）讓美國聯邦基礎研究投入翻一番。日本政府對基礎研究的資助也一直在增加，在其第二期科技基本計劃期間，政府對基礎研究的資助占政府科技預算的比率從2001財年的36.2%增至2004財年的40.4%。韓國則是2012年對基礎研究的投入達到4萬億韓元，占政府研發預算的35%。

在公益研究領域，政府對衛生和環境研發的資助占比增加最多。從2000年開始，與衛生相關的研發占了美國政府民用研發預算的一半以上。

共通性技術事關各國的產業競爭力，具有半公共產品性質，各國政府高度重視，往往會設立專門的計劃給與支持，如美國的先進技術計劃（ATP）、韓國的先導技術開發計劃（G7計劃）、日本的超大規模積體電路計劃等。對於這類計劃，往往是政府出資不超過50%，項目承擔單位出資不少於50%。

（三）透過稅收減免支持企業創新

企業位於市場競爭領域，為了避免不公平競爭和造成壟斷，各國對企業創新的支持往往以稅收減免等間接支持為主，包括鼓勵企業研發、更新設備和扶持小企業等。1995年經合組織（OECD）國家中只有12個國家採取研發稅收減免，而目前則增至22個。同時，各國稅收優惠力度也越來越大，美國總統歐巴馬提出要對研發稅收永久抵免立法；英國從2008年8月起將中小企業研發支出可抵扣應納稅所得額的比例從原來的150%提高到了175%。法國和西班牙的稅收減免幅度最大，每一美元的研發支出將分別獲得0.425個和0.349個單位的稅收減免。

在各國的創新政策中，中小企業具有重要地位。中小企業雖然處於競爭領域，但由於是弱勢企業，完全透過市場往往不能有效配置資源；中小企業解決了國家大部分就業，對經濟穩定意義重大，因此各國政府均十分注重對中小企業的支持。具體支持做法包括：設立專項資金促進中小企業發展，政府出資設立創投基金，鼓勵民間資金向中小企業創新投資，透過國有金融機構以及國有或國家控股的投資公司，面向中小企業創新進行風險投資和為中小企業創新提供風險信貸，透過創新券[3]激勵中小企業與科學研究機構合作。當前，比利時、丹麥、義大利、荷蘭、瑞典、瑞士等國均發布了創新券計劃。

（四）透過政府採購支持創新

政府採購能夠為新技術提供引導市場，從而更能激發創新，各國政府均高度重視利用政府採購來支持本國創新。

很多國家透過對關鍵技術實施政府採購，來推動本國高新技術產業發展，美國政府透過政府採購，在電腦、半導體、積體電路、航空航太和生物製藥等領域，扶持和發展了一批重大戰略性技術，

並推動了這些產業的發展。韓國在高速鐵路和核電站等公用事業的裝備，全部首先由政府採購使用。

在政府採購中，各國均向本土企業傾斜，以提高本國的核心競爭力。美國《購買美國產品法》規定，聯邦政府在進行物資採購和公共建設項目時，必須購買美國產品。其「美國產品」是指最終產品中美國零部件含量不少於50%的產品。只有在美國生產的數量不足或國內價格過高，或者不買外國貨將會對美國國家利益產生不利後果的情況下，才購買外國產品。韓國要求國家機關及地方政府等機構優先採購高新技術產品，即使本國產品價格較高也要優先採用。印度近期決定，所有中央部委在採購電子訊息硬體時必須100%購買本國產品。各國在政府採購中均對中小企業進行了傾斜，如在政府採購總額中小企業必須占有一定比例；對於小額政府採購合約，要求必須購買小企業的新產品；對於大中額度的購買合約，必須有一定比例分包給小企業；政府採購中標的大企業另外向小企業採購規定額度的新產品。

第二章 中國自主創新面臨的國際機遇和困難

一、全球創新格局的新變化

（一）全球創新資源出現轉折性增長

進入21世紀以來，世界經濟進入高研發強度時代，先進國家已經從傳統的工業經濟進入知識經濟。美國研發強度為2.6%，日本為3.4%，大多數西方先進國家都超過2.5%，歐洲2020年戰略目標是

3%。2007年，全球研發經費第一次突破萬億美元，研發人員突破一千萬人年，這是一個重大轉折，代表世界研發活動進入一個全新的發展階段。

創新越來越密集，滲透到生產生活的各領域；創新速度越來越快，世界進入了高頻率創新時代。20世紀上半葉，電話走進50%的美國家庭用了長達60年的時間，而互聯網進入50%的美國家庭只用了5年時間。原始創新不斷形成新興產業，新能源、新材料、節能環保、電動汽車、生物醫藥、資訊網路和高端製造業等產業改變了傳統經濟的形態。

全球研發投入的轉折性增長和創新的普遍化、高頻化，擴大了人類創新資源總量，使中國獲得國際創新資源的可能性增加。

（二）全球多元創新中心正在形成

上世紀，世界R & D活動高度集中在美國，以及日本、德國、法國和英國，上述五國R & D經費比重占世界比率曾在80%以上。但進入21世紀以來，五國R & D經費所占比例下降了11個百分點，2007年下降至70%以下，而新興經濟體的研發比率逐年上升，形成了美、歐、亞三足鼎立之勢。從變化趨勢看，自1996年到2007年，全球研發投入從5250億美元增長到2007年的1.1萬億美元，總量翻了一番，其中北美地區所占比例在下跌，從40%降至35%；歐洲從31%降至 28%；亞洲地區則從 24%攀升至31%；其他地區從5%升至6%。美國雖然仍然是最強大的國家，但美國不再可能成為世界唯一的創新中心，在創新全球化的過程中，還會形成更多的創新中心國家，國際創新多極化的局面正在形成。

全球創新中心的多元化增加了中國自主創新成功的機會，也擴大了中國自主創新的國際空間。中國不僅可以與美國合作，還可以

與全球其他20多個創新型國家合作,共同解決重大創新問題;不僅可以同先進國家合作,還可以同新興經濟體合作,優勢互補,共同增長;還可以同後發國家合作,開展國際技術轉移,幫助後發國家發展。

(三)全球產業轉移正在升級

上個世紀末開始的加工製造業向中國的轉移已經基本結束,全球國際分工和經濟結構發生了巨大變化。中國成為「世界工廠」,其低端產品遍布全球;而美國等西方國家出現經濟虛擬化危機,需要對自身的經濟結構進行再平衡。先進國家經濟再平衡的方法,一是振興高端製造業,開始「再工業化」;一是擴大服務業出口,向中國等新興經濟體轉移知識密集產業。這意味著全球產業轉移的升級。之所以會出現這種轉移升級,一個原因是知識密集產業已經從傳統製造業分離出來,可以脫離傳統製造業而流向低成本的地方,而中國具有世界最豐富和成本最低廉的研發人力資源;另一個原因是知識密集性產業越來越與製造業相融合,形成服務加產品的生產模式,而中國具有世界最大體量的製造業。

產業轉移升級的跡像在國際金融危機中更加清晰。一些先進國家經濟出現了程度不等的衰退,聚集在先進國家的創新人才和創新服務業開始向外尋求發展的空間。上個世紀末的國際產業大轉移是第一次國際產業轉移,其內容主要是轉移低端製造業;現在正在進行的國際產業轉移是第二次國際產業轉移,其內容是知識密集產業。中國有可能成為知識密集產業轉移的重要基地。

二、制約中國自主創新的國際因素

（一）少數上游國家的政策遏制

改革開放初期，中國面臨的競爭主要來自發展水平比較接近的國家，以及勞動力成本比中國還便宜的國家。隨著中國自主創新能力的提高，全球競爭力排名已經從2006年的第35位上升至2011年的26位，2018年已經達到第13位。少數上游先進國家對中國自主創新採取遏制政策。主要是技術出口管制、貿易技術壁壘、資產投資審查等。美國是國際出口管制的領導者和主要實施者，對高技術出口已經形成了嚴密的管制體系。2006年美國政府審議的865個「視同出口」許可證中，有60%針對中國。金融危機後，各國貿易保護主義抬頭，保護的範圍和影響也呈現擴大趨勢，技術性貿易壁壘從產品技術標準擴大到節能、環保和社會責任領域，甚至設置低碳陷阱。隨著中國「走出去」步伐加快，美國等國加強了對投資美國資產的審查與限制。

少數先進國家還不斷質疑中國自主創新政策。2009年，中國科技部、國家發改委、財政部聯合聯合發布了《關於開展2009年國家自主創新產品認定工作的通知》，要求供貨商在被列入《政府採購自主創新產品目錄》之前必須獲得產品認定，申報的產品要擁有中國的知識產權和自主品牌。2011年，中國在高科技產品採購方面，已對這一規定作了調整，只要求政府採購目錄上的產品符合中國法律法規，申報人擁有或有權在中國使用該產品的知識產權。

根據2009年的規定，外資產品如果要納入政府採購清單，有關技術專利和產品商標就必須首先在中國註冊登記，而一些美國公司不願在中國首先申請專利，這些企業、美國商會、美國政府便認為中國自主創新產品政府採購政策是歧視外資的政策。自主創新政策壓倒匯率議題成為美方最迫切企圖突破的領域。在世界貿易組織

（WTO）舉行的世貿組織中國貿易政策審議會上，中國「自主創新」政策以及即將發布的政府採購法成為審議的新焦點。

（二）來自跨國公司的市場壓力

跨國公司在華研發戰略已不僅僅侷限於創新鏈的某一個環節，而是圍繞創新鏈和創新體系進行全方位、立體化布局，研發、生產、銷售齊頭並進。目前，外資品牌轎車的市場占有率超過70%；全球前10大輪胎巨頭全部來到中國，控制著中國75%的市場占有率；全球排名前100位的汽車零部件生產商中，有70%以上已進入中國並開展業務[4]。外資蔬菜種子、外資及合資製藥企業的產品（含直接進口藥品）在中國內地市場的占有率都超過50%，外資品牌挖掘機市場占有率超過65%，外資品牌手機的市場占有率超過70%，化妝品、飲料外資品牌市場占有率達80%。至於高端裝備和科學研究儀器設備，外資品牌市場占有率超過80%，甚至達到100%。

在高技術產業，三資企業數量占34%；研發經費超過37%；產值占66%，新產品產值占57%；新產品銷售收入占58%。在近年來的中國高技術產品出口額中，三資企業占近90%。高科技領域中的發明專利，絕大多數來自國外，無線電傳輸、移動通信、半導體、西藥、電腦領域來自外國企業（包括外資企業）的分別占93%、91%、85%、69%、60%。

第三章 自主創新政策的國際化理念

自主創新是全球化的產物，制定自主創新政策要堅持國際化理念。國際化的政策理念主要體現在政策的兼容性、公共性，也體現

在政策的市場化、法律化程度。

一、兼容性

　　自主創新政策既是本土政策，也具有國際效應，包容內外資，銜接國內外，對國際規則具有兼容性。在全球化條件下，外資就在本土，本土也是世界的一部分；你中有我，我中有你，因此，自主創新政策不再是單純的國別政策，同時也具有國際意義。每一項自主創新政策都要考慮與國際規則的匹配問題。否則，即使一項好政策，也可能收不到好的效果。

　　政府採購帶動創新的政策，是具有國際兼容性的政策，也是大多數國家都採用的國際通行做法。歐盟建立三個專門面向創新的公共採購網絡，用於項目、服務、綠色採購，其中可持續建設和創新網把歐洲各國和地方的公共機構聯合起來，建立跨國創新平台；美國透過「能源之星」計劃認證節能環保產品，以此作為政府採購的依據；英國實行遠期承諾採購，對訂購創新過程及其產品；日本政府鼓勵對研發型風險企業進行採購等。這些行之有效的做法，可以作為我們的借鑑。

二、公共性

　　中國處於社會主義初級階段，需要追趕型、特殊性的政策，這是符合中國國情的。但隨著市場經濟體制的建立，應該逐漸增加普惠性、社會性的政策。

　　追趕型、特殊性政策力度比較大，能夠集中力量解決一些突出

問題。但也有侷限，就是只能涵蓋少數創新主體，不能惠及所有創新主體。比如我們不少政策對大型企業比較偏好，卻忽視千百萬中小企業；對高新產業和新興產業比較偏好，卻忽視就業總量、經濟總量巨大的傳統產業；對製造業比較偏好，卻忽視現代服務業特別是創新服務業；對外資企業比較偏好，卻忽視本土企業；對先進地區比較偏好，卻忽視落後地區。

大量的傳統產業、中小企業、本土企業、服務業以及落後地區，是自主創新的短處，而且在這些領域市場往往失靈，特別需要政策扶持。這就要求自主創新政策從追趕型的特殊政策體系向社會化的公共政策體系轉變，逐步形成統一的、均等的社會化政策體系，消除各類創新主體在政策受益方面的差異。

先進國家的創新政策，重視公共領域和市場失靈領域，注意防止損害公平的競爭和壟斷，對競爭前技術、通用技術和高外部性項目；對戰略性技術和高風險的創業企業；對小企業、少數民族企業、婦女開辦的企業，都有切實的支持政策。針對小企業設計的支持政策往往不受國際規則的約束，能夠有效帶動本土企業創新。

三、市場化

市場化是指政策導向要符合市場規律和有利於啟動市場。一是推動供給的政策，應最大限度地採取稅收優惠和稅後補助等間接手段，少數直接資助的項目，也應以企業用戶需求為導向，政府配套支持，而不能政府直接去做。二是政策的對象範圍應從供給側擴大到需求側，透過鼓勵私人消費培育市場，帶動創新。

從WTO規則和各國支持本土創新政策來看，稅收減免、研發

退稅等間接支持是主要手段。間接支持的手段影響大，作用直接。中國的一些政策市場化程度不夠。比如，關於產學研結合問題，政府應該支持市場化的結合，而不是由政府來主導結合。政府主導下的產學研結合，是政府制定計劃、政府立項、政府出資；企業配套，企業與大學、科學研究院所聯合研發，而至於研發出來的成果是否有用戶，很難保證。企業雖然參加了研發，但項目並不一定來自企業需求。產學研結合的問題，應該由市場主導，政府支持市場主導的結合，由企業制定計劃、企業立項、企業出資，產學研一體化研發，政府配套資助。

四、法律化

政策分為三個層次。第一層次，是根本的政策，或者叫政策，中國稱之為大政策方針，如建設全面小康社會、建設創新型國家的政策；政策一般進入國家憲法或黨和政府的總方針，具有長期穩定性。第二個層次是綜合政策，它的基礎是大政方針，但比大政方針具體，又比專門政策的外部性大，幾乎對所有領域都產生影響，如宏觀經濟政策、社會保障政策。第三種是專門政策，它取決於大政方針，受基本政策影響，但又獨立發揮作用，比如科技政策、教育政策。

在知識經濟時代，創新已經成為世界經濟增長的主導力量，瀰散到所有經濟領域和社會領域，很多科學問題離開創新領域就根本提不出來，很多重大科學發現離開創新領域就無法完成。創新已經不是個別的局部的問題，而是全局性綜合性問題，創新政策也成為高外部性的綜合性政策。先進國家都是把創新政策作為綜合政策，透過立法來發布政策。既簡明扼要，又可操作、可檢查、可追究，

能夠保證政策的穩定性和連續性。

中國在很大程度上把創新政策當成專門政策，一般由部門制定、發布。部門間相互獨立，缺乏統籌，創新政策與經濟政策和社會政策往往不能協同。不同部門之間政策重複、衝突，政策內容含糊、跳躍、移位等現象也時有發生，加大了企業執行政策的成本，有的甚至根本執行不了。按照國際化的理念，要把創新政策作為綜合政策加以法律化，能夠用法律的形式確定的政策，就納入創新法。法律是綜合的、統一的、明確的、連續的，不會因國際壓力或部門利益、領導者個人職務變動等人為因素而改變。

第四章 面向全球的自主創新政策

自主創新本身是開放的過程。在全球化時代，自主創新政策應該根據創新全球化的進展和趨勢，採取國際通行做法，向全球創新活動開放。當前和今後一個時期的重點是採購全球創新過程和產品；根據自主創新戰略整合全球創新資源；促進全球創新服務業向中國聚集，支持人才培養、開發的國際化。

一、採購內外資的創新過程及其產品

在全球化的條件下，政府對創新的採購應該面向全球創新活動，內外資的創新都可以採購。對創新的採購，不同於一般政府採購，必須探索新的採購模式。除了政府首購、訂購等專門的採購模式外，以下幾種模式對量大面廣的企業創新，尤其有效。

（一）創新過程採購

基本模式Ⅰ：研發＋新產品。對於政府需要採購的物品，採取研發和新產品綁定的採購模式。即，當政府需要一種新產品時，應把該產品的技術、性能、質量、標準、用途等需求清晰描述出來，向國內外、內外資企業招標，誰能勝出就簽定購買合約。達到要求後，即採購其產品。此模式同一般政府採購的不同之處在於，它要採購的產品事先是不存在的，需要透過研發才能實現；而一般政府採購的產品，是已經存在的，不需再進行研發的。

基本模式Ⅱ：研發＋公益新技術。其方法與創新過程採購Ⅰ基本相同，區別在於：其一，前者採購的產品，用戶是政府；後者採購的技術，雖由政府買單，但用戶不是政府，而是社會公共消費。其二，所採購的技術，可以是方法、程序等無形產品，也可以是有物質產品形態的技術品。其三，前者供應商主要是企業，後者的供應商可以是企業，也可以是研究機構。

（二）創新認證採購

它的基本模式是：認證＋企業＋新產品。就是對企業或新產品採取創新認證制度，包括研發認證、節能認證、環保認證等，不論國內外、內外資企業，凡通過認證的企業或新產品，即納入政府的採購範圍，政府在這個範圍內招標採購。未經認證的企業和產品，不在政府採購之列；或政府發布消費補貼、稅收減免、抵押貸款等促進私人採購的政策。認證由政府組織，第三方認證機構實施，企業自願申請參加。

（三）小企業創新採購

它的基本模式是：規模＋新產品。規模是指企業規模和採購規模。在政府採購總額中小企業必須占有一定比例；對於小額政府採購合約，要求必須購買小企業的新產品；對於大中額度的購買合

約，必須有一定比例分包給小企業；政府採購中標的大企業另外向小企業採購規定額度的新產品。

（四）創新引導採購

基本模式Ⅰ：政府信用採購＋企業採購（投資）＋創業產品。政府信用採購是指，對於高成長性的創業企業，政府給予一定額度的採購合約，作為信用引導其他企業採購或投資。在這種情況下，政府雖是用戶，卻是小用戶，大用戶是企業；政府採購的作用是信用引導。

基本模式Ⅱ：政府信用＋機構和私人採購＋目標產品。為了一定的經濟、社會或環境目標，政府設計特定的採購體系，協調生產商和眾多的機構購買者、私人購買者的需求，但政府並不採購目標產品；私人用戶和機構用戶在政府機構的信譽擔保下，以低價購買目標產品。在這種情況下，政府機構不是最終用戶，只是作為發起和協調人，引導機構和私人採購。

以上四種模式，都符合WTO規則，也不違反《政府採購協定》。

二、根據自主創新戰略整合全球創新資源

（一）導入全球創新主體參加中國發展方式轉變

隨著中國經濟總量不斷擴大和國際競爭不斷深化，高投入、高消耗、高排放的傳統增長模式難以為繼，能源資源和生態環境約束強化，城鄉和區域發展不協調，社會事業發展滯後等矛盾突出。必須依靠自主創新轉變經濟發展方式，在大力提升原始創新能力的同

時，最大限度導入全球創新主體，在節能減排、平衡發展、改善民生、城鄉一體化、社會建設等重點領域協同創新。鼓勵外資公司把研發留在中國；在中國創造和應用知識產權，採購生產資料；帶動中國配套產業發展和中國就業增長。對外資公司的優惠政策採取對等原則，即外資公司母國也要給予中方公司同等待遇，充分保護中方知識產權等。

（二）支持中國科學家領導組織國際重大科學研究項目

積極提出重大科學問題和區域性、全球性科學問題，更多領導組織國際大科學計劃和大科學工程項目，制定相關規則，啟動雙邊和多邊實質性合作研究，吸引相關領域和國家的科學家參加。透過國際重大科技項目的平台分享全球科技成果，為解決世界難題做出貢獻。近年來，中國科學家已經陸續發起了一些國際科學計劃，包括「人類肝臟蛋白質組計劃」、「可再生能源與新能源國際合作計劃」，許多國家積極響應。

（三）支持企業、大學和研究院所跨國創新

「走出去」參與先進國家的本土創新，根據不同先進國家的特點和優勢，有所側重，錯位對接，與其境內跨國公司和知名大學、研發機構合辦研發機構，開展合作研發。「走出去」幫助發展中國家提高本土創新能力，加強與廣大發展中國家合作，向發展中國家轉移技術。

三、促進全球創新服務業向中國聚集

（一）支持向中國轉移知識密集業務

建立創新服務園區，積極打造形式多樣的研發轉移平台，鼓勵跨國公司向中國轉移全球性、區域性研發中心；鼓勵研發服務業、設計服務業、創業服務業、知識產權服務業、基礎技術服務業、技術改造服務業向中國轉移；鼓勵外資研發機構從事前端、尖端技術研究以及基礎性研發項目，或開展高水平研發活動；鼓勵內資與外資聯合研發，建立戰略夥伴關係。

（二）支持向中國轉移擴散知識產權

鼓勵外資企業等創新主體在中國申請專利等知識產權，轉移擴散先進技術。特別是一些小的創新型國家，在特定領域都具有世界領先的研發能力，但由於經濟體量小、門類不全，本國經濟沒有轉移擴散能力，中國實體經濟應積極與之對接，使相關研發能力和知識產權在中國實現經濟價值。

四、支持人才培養開發的國際化

（一）鼓勵企業、大學和研究機構培養在職的留學人員

挑選國內的科學研究、生產骨幹人員，到國外一流研發機構在職培訓、進修，或者進行有目的的交流、研究，企業、大學和研究機構派遣，政府資助。也可以國內外聯合培養博士研究生和博士後，先在國內上完成基礎課程，再根據工作單位科學研究項目需要出國學習，使骨幹科學研究人才同時具有國內和國外的「雙博士」學位。

（二）鼓勵大學、研究機構擴招外國留學生

既培養已開發國家的留學生，也培養發展中國家的留學生，優

秀者可以留在中國，也可以回國發展。

（三）支持開發國際科技人力資源

國家成立全球人才獵頭公司，其分公司或辦事處應遍布主要國家，建立全球英才庫，在中國為他們發掘創新、創業崗位，也為中國政府和企業的國際化戰略服務。

建立面向全球的非政府組織基金會，董事會由公共事務各個領域中的傑出人物組成，向政府和非政府機構、個人提供資助，支持研究、培訓、試驗和開發性項目。

大中學校充分利用國際教育資源，與國外知名學校、研究機構合作辦學，透過國際學分互認等方式開設交換學生計劃等課程；提高大學教師中外籍教師的比例、研究機構中外籍研究人員的比例。

註釋

[1].截至2010年4月，日本產業技術綜合研究所中的在職人員為2365名，其中外國研究人員為82名；透過產學官合作制度而在此工作的研究人員數量為4202名，其中外國研究人員為529名。http://www.aist.go.jp/aist j/information/staff etc/staff etc.html.

[2].柳卸林：《先進國家自主創新體系的核心要素》，人民網，2011-5-12。

[3].創新券是一個政府向中小企業發行的憑據，中小企業憑券可向科學研究機構購買知識產品，用於本企業的技術創新或解決相關研究問題，研究機構可憑從企業收到的創新券向政府兌現。

[4].郭鐵成、孔欣欣：《外資在華研發戰略和我們的對策》，《紅旗文稿》，2009年第8期第20頁。

第二部分 典型國家的創新全球化

第五章 創新全球化的特點

　　當今世界，經濟全球化日益深入，全球最大的100家跨國公司在1994年跨國化指數（即跨國公司的國外資產／總資產、國外銷售額／總銷售額、國外雇員／雇員總數三個比率的平均數）為40%多一點，到2008年提高到60%左右，這些跨國公司事實上已經成為全球公司。隨著經濟全球化的日益深入，科技創新的國際化程度也在日益提高，這突出表現在科技人才、資金、論文、專利、技術貿易等的國際化方面。

一、人才國際化

　　近年來，人才國際流動的規模越來越大，且呈多樣化的趨勢。當前，全世界約有2億人（占世界人口的3%）在出生地以外的國家工作生活，同時，人口跨國流動的規模以3%的速度增長。在流動方向上，儘管大的趨勢仍是發展中國家的人才流向先進國家，日、歐等先進國家的人才流向美國，但近年來也出現了新興國家以往外流的專家及技術人員「回歸」的現象。在流動形式上，儘管永久性流動（如透過留學或技術移民等途徑而長期在外國工作）仍然是主要的形式，但是短期流動（訪問學者與合作研究等其他形式）所占的比率也日益增加。

外國博士生在一國全部博士生中所占比率近年來一直在增加，這凸顯了高端科技人才的國際化。當然，不同國家由於科學研究條件、科學研究環境、科學研究政策、科學研究基礎設施的不同，外國博士留學生所占的比率也有很大差異。在瑞士、新西蘭和英國，外國博士留學生所占比率超過了40%；而在義大利和韓國，該數值則不足5%；在加拿大、法國、比利時、澳大利亞和美國，該數值在 25%—40%之間。從絕對數量來看，美國的外國博士留學生的數量最多，2006年超過了9.2萬人，其次是英國（3.8萬人）、法國（2.8萬人）。從學生的來源國來看，美國的外國博士留學生主要來自中國、印度、韓國等亞洲國家，而歐洲國家的外國博士留學生主要來自其他歐洲國家。[1]

一國科技人員中外國科技人員所占的比率也在增加。2007／08年間，美國高等院校中的外國學者有10.6萬人（而1993／04財年該數值僅有6萬人），其中大部分從事研究工作，三分之二從事生命科學、生物科學、物質科學或工程領域的研究工作。這些研究人員主要來自中國、韓國、印度等亞洲國家，其中來自中國的占了22%，9%來自韓國或印度，5%來自日本。同時，來自這些亞洲國家的外國科技人員一直在以年均8%—9%的速度增長。日本大學2006年接受的外國研究人員達到35083人，大學教師中外國人的比例達到2.6%。不同國家研究學者的流動性有很大不同，對於大多數經合組織（OECD）國家，每100名研究學者中就有1—3名在美國大學工作。韓國的流動性最大，每100 人中有14 人，荷蘭為8人，俄羅斯為6人，加拿大、冰島、愛爾蘭、義大利和墨西哥為4人。[2]

世界一流研究機構的人才國際化程度更高，如美國橡樹嶺國家實驗室35%的研究人員來自其他國家，日本產業技術綜合研究所

（AIST）中外國研究人員所占的比例為近10%（2010年4月）[3]；日本理化學研究所中外籍科學家所占比例為11%左右（截至2009年10月1日，外籍科學研究人員為493人，來自50多個國家，占科學研究人員總數的11.43%，其中119人來自中國 [4]），其目標是把外籍科學家增至30%；德國馬普學會的外國訪問學者和研究生占其總人數50%左右。新加坡科學研究局50%的成員來自美、英、日等國家。

二、科學研究資金國際化

當前，科學研究資金的國際流動也日益加大，國外資金在一國研發資金中占到了一定的比例。國外資金主要源於國外企業、公共機構（政府部門或大學）或國際組織。不同國家的情況有很大區別，歐盟成員國由於相互之間的聯繫比較多，因此這一比例較高，歐盟27國2007年的該數值大約為10%，而奧地利、加拿大、匈牙利、荷蘭、斯洛伐克和英國則超過了15%；美國該數值為14.4%；而土耳其、智利、日本、韓國和以色列的該數值卻不足1%。[5] 在大多數國家，企業研發資金中的外國資金主要源於其他的企業，只有希臘和葡萄牙主要是從歐盟中獲得的，而他們從歐盟中獲取的資金也在日益萎縮，西班牙則主要是從其他國家政府和外國高等院校獲得的。

當前，隨著跨國公司的全球化布局，他們也在加大研發的國際化布局。跨國公司投入的研發資金非常高，世界前八名跨國公司2008年的研發資金總額比全球除美國和日本之外的任何一國的研發總經費都高。統計表明，跨國公司外國分支機構的研發強度（研發資金占營業額的比例）較跨國公司更高，這意味著跨國公司研發的

國際化程度比生產的國際化程度更高。跨國公司的研發全球布局使得研發資金的國際流動日益加大，美國跨國公司的海外研發投資數額從1994—1996年的369億美元增長到2000—2002年的551億美元。從全球研發投資的主要目的國來看，先進國家仍是跨國公司的首選地，如美國跨國公司在其他先進國家的研發投資占其對外研發投資的86.4%。近年來，儘管發展中國家成為跨國公司研發投資的新熱點，但所占比率仍然不高。

數據表明，來自外國企業的研發資金主要源自跨國公司內部資金轉移（從母公司轉移到子公司）。在丹麥、斯洛伐克和芬蘭，這種資金占了全部外國研發投資的85%，在法國、奧地利和挪威，該數值則超過了50%。

三、科學研究論文國際化

從1998年至2008年，科學與工程領域的國際合著論文占全部論文數量的比例從8%增加到22%。美國的國際合著論文占本國論文總量的比例從20%增加到30%，法國從38%增加到52%，德國從36%增加到51%，英國從32%增加到49%，日本從17%增加到26%。中國的國際合著論文卻沒有增加，從1998年的26%降至2008年的25%。[6]相比較而言，大國國際合著論文占本國論文的比率較低，法國、德國和英國等歐洲大國國際合著論文所占比率要高於美國和亞洲國家。

1998年和2008年不同國家在論文方面的合作強度。美國、中國、日本、德國、法國、英國、義大利等是科學論文的中心，其論文產出量遠高於其他國家；1998—2008年間，各國的論文合作強度大幅增加；歐盟成員國之間的合作強度遠高於其他國家。

四、專利的國際化

專利的國際化首先表現在三方專利的申請上。三方專利指在美國專利商標局、日本特許廳、歐洲專利局都提交的專利申請。2007年，全球申請的三方專利為52000件，比十年前的42000件增加了10000件。其中美國、日本和歐盟是三方專利的主要申請者，美國申請的三方專利為近16000件，占31%。亞洲國家提交的三方專利儘管數量較少，但增長速度很快。韓國和中國2007年已位居前12位之列，2014年中國已經名列榜首。全球計有1020萬筆專利於2014年生效，美國約占世界總量的24.7%、日本為18.8%、中國大陸約11.7%，顯示目前主要之專利仍集中在上述國家，該等國家也是市場發展的重要戰場。作為創新性最強的五個國家，瑞士、日本、瑞典、德國和以色列2007年的每百萬人口中申請的三方專利數都非常高，瑞士為118件，日本為115件。荷蘭、芬蘭、丹麥、美國、奧地利以及韓國也都高於經合組織（OECD）平均水平。[7]

專利的國際化還表現在PCT專利的申請上。PCT（專利合作條約）是有關專利的國際條約，專利申請人可以透過PCT途徑遞交國際專利申請，向多個國家申請專利。世界知識產權組織公布的數據顯示，2010年，在全球PCT國際專利申請排名中，美國、日本、德國分別以4.4855萬件、3.2156萬件、1.7171萬件依次排列前3名。

專利的國際化還表現在一國機構和居民向國外的專利申請和授權上。從專利申請方面來看，美國、日本、德國等國的機構和居民向國外申請的專利占本國居民專利總數的比率都超過了30%，瑞典、荷蘭、瑞士等國的該數值甚至超過了90%。從專利授權方面來看，美國、日本、德國等國的機構和居民在國外獲得的授權專利量

占本國居民授權專利總數的比率也超過了30%，比利時、丹麥、以色列、瑞典和瑞士的該數值則高達86%。[8]

　　國際合作專利申請量也呈上升趨勢，至少擁有一名外國發明人的PCT專利申請占全部PCT申請的百分比繼續增加，從1996—1998年間的6.6%左右增加到2004—2006年的7.3%。相對而言，小國和地區合作申請專利的趨勢更加明顯，如在台灣、比利時和瑞士，超過40%的專利申請至少包含一個國外發明者。而在較大的國家中，合作申請專利的程度則有很大差異。法國、德國、英國、美國在2004—2006年間的國際合作專利所占比率為11—24%，瑞典、英國的合作發明比1996—1998年間增加了5%以上，而巴西、中國、日本和韓國則縮減了30%。[9]

五、國際技術標準

　　創新國際化的一個重要標準還表現在技術標準的國際化方面。隨著全球市場的形成，全球的國際技術標準也越來越多。當前，大部分國際技術標準都是由歐盟、美國、日本等先進國家和地區制定的。截止2006年年底，國際標準化組織（ISO）共制定國際標準16455項，國際電工委員會（IEC）共制定國際標準5613項，兩者總計22068項。這些標準中95%由先進國家制定的。[10] 當前，中國標準國際化水平較低，實質性參與國際標準化活動比較弱勢。為此，中國決定加強技術標準的國際化工作。2010年，中國新承擔了中醫藥等13個國際標準化技術機構秘書處，總數已達50個；新提交了國際標準提案57項，數量位居國際標準化組織成員前列。

　　鑒於國際技術標準在爭奪全球市場版圖中的作用越來越大，世

界各國都制定了標準化戰略，以爭奪在其中的主導權。歐盟標準化戰略強調要進一步擴大歐洲標準化體系的參加國，要統一在國際標準化組織中進行標準化提案，要在國際標準化活動中形成歐洲地位，加強歐洲產業在世界市場上的競爭力。美國和日本等先進國家標準化戰略的重中之重也是國際標準化戰略。在戰略實施上，各國都將重點放在與社會生活相關的重點領域中，日本將訊息技術的標準化、環境保護的標準化等放在重點領域的17個標準化課題上。美國和加拿大將健康、安全、環境、貿易、產業等方面的標準化作為標準化戰略的重點領域。[11]

六、技術國際貿易

隨著經濟全球化和科技全球化的深入發展，以專利購買和技術許可為主要形式的技術國際貿易規模越來越大。在大多數經合組織（OECD）國家，在1990年代和21世紀初，技術收入和支出數額都急劇增加。1996—2006年間，歐盟的技術貿易由赤字轉為盈餘，美國的技術貿易盈餘略有增加，而日本從1980年代開始因新技術帶來了大量的盈餘。2007年，從技術出口盈餘占國內生產總值的比例來看，愛爾蘭、瑞典、瑞士、盧森堡、奧地利、荷蘭、丹麥以及匈牙利是最重要的技術出口國。[12] 此外，金磚六國的高技術出口也經歷了強勁的增長，1998—2008年間，中國的年均增長率為近30%，印度為22%，巴西為16%，印度尼西亞為14%，南非是14%，俄羅斯是9%。[13]

七、環境技術的國際化

環境技術會使全球都受益，尤其是在氣候變化問題日益嚴峻的今天，因此，環境技術的跨國轉移日益活躍，已經成為技術國際化的一個重要表現。當今，環境技術領域的創新大都發生在經合組織（OECD）經濟體中，1978—2006年間，98%與空氣和水汙染有關的專利都屬於經合組織（OECD）的發明者。為減緩氣候變化、減輕環境汙染，在清潔發展機制等國際環境合作機制的推動下，先進國家正在向發展中國家進行環境技術的轉移，當前轉移較多的技術主要包括風能和光電技術（參見下圖）。當然，環境技術的轉移情況也與國家政策、發展中國家的技術吸收能力等有關。環境技術的國際化還表現在環境產品的貿易上。2006年，經合組織（OECD）（OECD）的環境產品出口額達到了3700億美元。出口最多的國家包括德國、美國、日本和中國。

第六章 先進國家創新國際化的戰略重點

近年來，科技全球化繼續深入，科技資源的全球流動不斷加快。在這種背景下，很多國家尤其是創新型國家高度注重創新的國際化與對外開放，制定和實施科技國際化戰略，以充分利用全球化帶來的資源和機遇，進行開放創新。

一、創新型國家（地區）的創新國際化戰略

當前，先進國家憑藉其國際視野和全球戰略思維，越來越認識到必須實施國際化戰略，才能充分利用全球科技資源，提升本國科技創新能力，加強在國際事務中的話語權和國際影響力。

（一）歐盟及其成員國的創新國際化戰略

1.歐盟的創新國際化戰略

大力開展歐盟成員國之間的合作是歐盟抗衡美日，加強歐洲整體競爭力的重要手段。為此，歐盟高度重視創新的國際化。歐盟創新國際化的目的是：利用歐盟外的知識資源以及研究機構和創新網絡間的合作，提升歐盟研發與創新能力；加強歐洲在研發市場的吸引力，在競爭中獲得研發項目，吸引更多外資直接投入研發活動，鼓勵全球優秀人才來歐洲從事研究創新活動；強化歐盟在應對全球問題挑戰方面的領導地位、履行國際義務，提高歐盟附加值。

在具體做法上，歐盟創新國際化可以概括為「一心三圈」的梯度推進模型，即以實施研發框架計劃為中心，以成員國與準夥伴國為核心內圈，以先進國家和新興經濟體為夥伴中圈，以廣大發展中國家為擴散外圈，合作的範圍與程度梯次推進。[14]

歐盟高度重視其成員國之間的合作，2008年12月，歐盟通過了「歐洲研究區2020構想」，提出要在歐洲研究區內實現研究人員、知識和技術的自由流動，打造具有世界影響力的歐洲研究區。在歐盟框架計劃中，作為核心內圈，歐盟各成員國可以申請其所有類型的項目，而作為夥伴中圈和擴散外圈的其他國家則只能申請其國際合作計劃。儘管在第七框架計劃中，國際合作項目（INCO）不復存在，10個研究主題領域全面向第三國開放，但第三國申請成功的項目在第七框架計劃中所占的比例還很低，而且還必須要與歐盟成員國的科學研究實體共同申請。

為加強與非歐盟成員國之間的合作，歐盟2008年9月正式提出了《國際科學技術合作的歐洲戰略框架》文件，加強了歐盟與第三國加強國際科技合作、實現研發國際化的指導。

2.歐盟各成員國的創新國際化戰略

英國政府早在《2004—2014年科學與創新投資框架》中就提出，「科學研究是一項國際化的事業」，並設定了新時期英國科技國際化的目標：使英國成為跨國企業設立研發中心的對象國，成為外國大學尋求科學或商業合作的夥伴國。2006年10月，英國發布了《研發國際戰略》，首次提出英國研發國際化的完整戰略框架，提出了「促進研究卓越」、「促進創新卓越」、「提高英國的國際影響力」和「實現全球發展」四大目標，此外，戰略還提出了七大建議，並確定了包括中國、印度在內的重點科技合作國家。2009年4月，英國發布了《新產業新職業》戰略發展計劃，提出要加強科學研究成果產業化以爭取更大的國際市場占有率。英國的科技國際化戰略具有鮮明的時代特徵：在危機前，基礎和前沿領域研究、培養人才、加大創新力度是國際科技合作的重點；在後危機時代，強化人才培養、加強科技創新和加速研究成果產業化則是其科技國際化的重心。

德國2008年2月發布了題為《增強德國在全球知識社會中的作用》的聯邦政府關於科學與研究國際化的戰略，提出了「加強國際研究合作、發掘國際創新潛力、加強與發展中國家合作以及承擔國際義務和應對全球挑戰」四大目標。

根據2009年7月15日德國聯邦政府正式發表的「科學與研究領域國際化戰略」中期報告，德國在科學研究國際化方面已經取得了重要進展。

歐盟一些小國因為本身勞動力少、國內市場狹小，更加認識到需要國際化才能使科技創新能力得到永續發展。芬蘭近年來一直在大力推動創新國際化，2003年初發表了《知識、創新與國際化》政

策報告，2004年12月發表了《芬蘭科學技術國際化》戰略文件，2009年12月，推出了未來5年的教育、研究和創新的國際化戰略，該戰略提出的目標是保持經濟增長，加強與重要合作夥伴的科技合作，提高芬蘭的國際影響力，並承擔更多的國際責任。在合作對象選擇方面，戰略指出除了繼續保持與歐洲國家的密切合作外，還要加強與美國、中國、日本和俄羅斯的合作，同時加強與最重要的雙邊合作夥伴以及亞洲、美洲和非洲的新興經濟體的聯繫。此外，其他一些國家也在制定科技國際化戰略，如瑞士制定了「教育、研究和創新的國際化戰略」，以進一步加強瑞士作為具有競爭力的國際教育、研究和創新中心的地位。

（二）美國的創新國際化戰略

美國作為世界上科技最先進、創新最活躍的國家，一個重要因素是它所實施的創新國際化戰略，透過利用全球高端優秀人才，支持企業進行跨國創新以及積極組織並參與國際大科學和工程計劃等舉措，美國形成了較強的科技創新能力和國際影響力。

2008年2月，美國國家科學委員會（NSB）發布了《國際科學與工程合作》的政策文件，以進一步統籌協調美國科技的國際化活動。該文件指出，國際科學和工程合作是美國開展科學外交和促進全球科技能力建設的重要工具，它不但能夠促使各國透過合作解決共同面臨的問題，同時為建立信任提供了契機。因此，開展國際科學和工程合作能夠加強國際關係，並弘揚美國的價值觀，進而促進美國的「轉型外交」政策和增強美國的「軟實力」。不僅如此，國際合作還促使美國科學界充分參與快速發展的國際科學和工程事業，使美國產業界處於技術的最前沿，為美國的創新和經濟競爭力注入活力。

文件提出了美國政府的三大戰略優先任務，一是制定一項國際科學和工程戰略，建立創造性的機制來支持國際科學和工程合作計劃；平衡美國的外交政策和研發政策，讓國際科學和工程合作成為美國對外政策和研發政策的一項優先任務；促進人才環流，提高科學家和工程師在全球範圍內的流動，讓更多的美國科學家和工程師參與國際科學和工程合作。

（三）亞洲主要國家的創新國際化戰略

在亞洲國家中，日本、韓國、新加坡屬於科技先進的創新型國家，他們非常注重創新的國際化與對外開放。

日本。日本政府一直秉承創新開放的方針，其科技的騰飛受益於日本早期對西方先進科技技術的大量引進，透過消化吸收再創新，日本科技高度發展，現在已經成為世界科技最為先進的國家之一。現在，日本仍然執行科技創新的國際化戰略，它在第二期科技基本計劃（2001—2005）中提出把科學技術活動的國際化作為日本發展科學技術的三個基本政策之一，在第三期科技基本計劃（2006—2010）中強調，不能單純地為了國際化而國際化，要從戰略的高度進一步推進科學技術活動的國際化，提出必須在對國際動向進行充分調查和分析的基礎上，根據對象國的具體狀況，分別採取「競爭與協調」、「合作」、「援助」等不同方式，達成「爭奪人心、爭奪標準、爭奪人才」的目標。[15] 此外，日本還於2008年發表了「加強科學技術外交」的文件，提出透過積極利用其科技實力幫助解決全球性問題並與其他國家開展合作以提升日本的「軟實力」。[16]

2010年2月，日本科技外交戰略特別工作組發布報告指出，日本必須制定系統的科技國際化戰略，以便利用海外優秀研究資源，

强化日本研發體系；日本不僅要在優勢領域加強國際研究合作，還要推進國際創新合作；此外，要加強東亞地區的研發合作，在科技領域率先推進東亞共同體構想。

　　韓國。韓國的科技發展過程就是吸收國外技術，並消化發展為自有技術的過程，透過國際科技合作，科技發展歷史短暫的韓國得到了長足發展，並躋身為亞洲的科技先進國家。進入21世紀，韓國在《國家創新體系》和《科技基本計劃》中都提出要加強國際科技合作。李明博政府上台後，韓國制定了新的科技發展計劃——577戰略，該戰略提出，要透過實施戰略性科技國際化事業，擴大合作領域，改善國際共同研發體系，為實現科技強國目標構建堅實的科技環境系統。韓國的科技國際化事業包括國際共同研究（全球研究實驗室項目）、科技國際化平台建設（海外合作平台、參與國際科技組織和國際交流與合作項目）、全球研發平台建設等。[17]

　　新加坡。新加坡在近年來的全球競爭力排行榜中一直名列前茅，其從一個在科學研究領域名不見經傳的小國，發展成為在某些科學研究領域躋身世界前列的科學研究強國，與其國際化的發展道路有重要關係。首先，吸引國際人才尤其是學科帶頭人是新加坡發展科技的戰略之一；第二，新加坡實施的是國際化的科學研究管理；第三，新加坡政府注重從社會和人文兩方面打造適合國際人才工作和生活的環境；第四，新加坡緊扣經濟和社會發展的戰略性技術需求，斥巨資打造基礎研究平台，使該領域的研發能力接近國際水平，並以此吸引該領域的跨國公司，再聯繫跨國公司的研發力量，共同進行競爭前研究，形成產業研發集群。[18]

二、科技國際化的通用做法和手段

在具體做法上，創新型國家往往透過構建國際化的人才梯隊、有序開放國家科技計劃、加大科技援助力度、領導和參與國際大科學計劃和工程、加強在國際組織中的話語權以及加大對國際疆土的科技探索等來實施其創新國際化戰略。

（一）構建國際化的人才梯隊

人才是科技發展的根本，具有國際視野和一流研究能力的高端國際優秀人才在當前的科技發展中尤其重要。創新型國家不但重視國際人才本土化，而且重視本土人才國際化。

為吸引國際優秀人才為本國所用，各國採取了各種舉措。當前，全世界已有30多個國家制定了便利高技能人才入境的政策或計劃。美國長期以來一直重視對全世界高端優秀人才的引進和利用，透過放寬優秀人才移民限制、增加H—1B簽證名額、招收外國留學生、高薪聘用外國專家等手段招收了大量外國優秀人才，應該說，是全球的高端人才造就了美國科技發展奇蹟。日本發布了「亞洲人才資金構想」，其長遠目標是使留學生人數達到35萬人。歐盟在過去幾年實施了新的移民政策和吸引人才的措施，並仿效美國的綠卡制度建立了藍卡制度以吸引亞洲、非洲和拉丁美洲的高層次技術人才。韓國前李明博政府提出在「第二個科學技術基本計劃（2008—2012）」期間吸引1000名海外高級研究人員到韓國工作。與此同時，一些發展中國家也積極採取措施吸引人才回流，印度、巴西、墨西哥、南非等國家採取建立雙重國籍或特別綠卡等簽證制度、留學生社團、海外人才庫、給予政策與稅收優惠等措施致力於海外人才回歸。

為把本國人才具有國際視野的優秀人才，各國積極採取措施，鼓勵本國研究人員到國外一流科學研究機構學習、交流和研究。法

國國家科學研究中心每年都花費2700萬歐元支持大約300名研究人員在美國從事研究，法國高等教育和科學研究部還提供獎學金鼓勵法國學生在國外接受教育，計劃到2020年讓20%的大學畢業生有在國外學習的經歷。韓國除了每年向美國派遣幾千名留學生外，還有目的地選送專家和教授到美國學習科學技術。瑞典政府特別強調青年研究人員的國際化，透過資助瑞典博士後在國外進行學術研究培養其國際合作能力。瑞典環境農業和空間規劃研究理事會（FORMAS）透過博士後國外研究資助計劃，資助博士後參加重要國際會議，到國外科學研究機構進行學術交流。瑞典研究與高等教育國際合作基金會（STINT）約有一半的經費用於資助瑞典博士生到國外大學進行一至兩年的合作研究以及外國博士後到瑞典進行合作研究。

（二）有序開放國家科技計劃

為充分利用全球優秀智力資源，各國國家科技計劃正在逐漸開放並日漸放寬開放的範圍。美國先進技術計劃（ATP）在1990年開始實施的前三年，並沒有外資公司承擔ATP的項目，直到1993年開始，才有德國、英國、荷蘭的三家公司分別參與到ATP的項目中來，以後承擔ATP項目的外資公司日漸增加。歐盟框架計劃對於第三國的開放力度和範圍也在日漸增大，歐盟第四框架計劃首次把國際合作（指與第三國之間的國際合作）列為獨立行動，第五框架計劃進一步強調了國際科技合作的重要性，並撥款4.75億歐元支持國際科技合作，第六框架計劃繼續加大對國際科技合作經費支持力度，第七框架計劃則規定所有主題領域均向第三國開放。

國家科技計劃的開放在給東道國帶來利益的同時，也帶來了風險。為此，各國都很重視相關管理，對開放領域、資格準入標準、

過程管理、知識產權的歸屬等方面都有嚴格的限制和規定。在開放領域方面，涉及國家安全的領域一般不開放。在資格準入標準方面，美國主要考慮經濟利益標準和對等標準。經濟利益標準評估主要是對外資機構進行評估，評估其對美國經濟是否做出了切實貢獻，如是否在美國的研究、開發和製造方面進行了投資，對美國就業是否有重要貢獻，是否簽署協議促進研發產品在美國製造，是否簽署協議從美國供應商那裡購買部件和材料。對等標準評估主要是對外資公司母公司的所在國進行評估，具體內容包括該國政府是否資助美國公司參與類似計劃的研發項目，美國公司在該國是否享有相應的投資機會，美國知識產權在該國是否得到充分有效的保護。在過程管理方面，大多數國家都遵循屬地原則，即要求項目承擔者、項目研究地點以及項目成果的轉化地點均在本國境內。在知識產權的歸屬方面，對於外資機構和外籍研究人員承擔本國科技計劃項目，各國都設計了相關制度都保證了知識產權不外流。

（三）透過科技援助擴大本國科技影響

近年來，先進國家紛紛加大了在發展中國家部署科技力量的力度，新興經濟體國家也面向廣大發展中國家開展了大量的科技援助與合作。

9·11事件之後，利用科技優勢支持伊斯蘭世界發展科學技術成為美國外交政策的一個新動向。從2009年美國總統歐巴馬出訪埃及期間提出要與穆斯林國家建立科技夥伴關係以來，美國針對科技援外開展了一系列的行動，包括任命三位傑出的科學家為科學特使派往北非、中東和南亞及東北亞國家；建立中東水資源卓越中心、亞洲區域氣候變化卓越中心、海灣核能基礎設施研究所；舉辦穆斯林地區創業峰會；推出新的中東區域合作項目；擴大雙邊研發合作；

推進能源領域、訊息通信技術、衛生保健、空間科技等領域的合作。日本國際協力機構（JICA）和日本科學技術振興機構（JST）2008年聯合啟動了「面向可持續發展的科技研究夥伴關係計劃」。該項目對發展中國家的研究機構提供支持，以促進這些國家的科技能力建設。當前，日本對外科技援助的重點正逐漸轉向非洲。近年來，歐盟與非盟加強了對話，歐盟的非洲新戰略強調利用科學技術來實現增長和發展目標。因此，科學技術日益成為歐盟與非盟合作的重點。在拉美地區，歐盟積極推進與阿根廷、智利等國家就食品、環保等領域的合作研究；歐盟與巴西在可持續發展、第二代生物燃料研究以及相關國際標準的制定方面開展了大量的合作。目前韓國對外科技援助的主要對像已經擴大到亞洲、非洲、拉美、獨立國家國協以及中東等地區的發展中國家，對外援助項目涉及能源、環境、訊息通信技術等領域。印度設立了專門面向非洲的技術援助計劃（SCAAP）計劃。

（四）領導組織和參與國際大科學計劃和工程

當代科學技術研究已進入大科學時代，面對耗資巨大、對象複雜的大科學研究以及全球性重大問題研究，必須有各國政府予以有效的組織和高強度的支持。20世紀末以來，各國政府都把積極開展國際大科學計劃和工程的合作視為增強國際競爭力、提高本國科技地位、解決全球性問題的重要戰略措施。

先進國家往往是國際大科學計劃和工程的發起者和主要參與者。在選擇合作國家時，發起國主要看對方的研究力量與科學研究資源。因此，先進國家之間的合作範圍很廣，涉及航空航太、生物技術、光通信、高效能電腦等尖端領域。他們之間的合作條件，特別是技術轉讓條件也比較寬鬆。例如，近年來美日航太合作日漸密

切，美國國家前航空航太局局長丹尼爾·戈爾丁曾表示，對於美、日、歐等多方面參加的「全球綜合地球觀測系統」，日本是美國最重要的夥伴。日本許諾，本項目在21世紀所需的全部衛星，願意提供四分之一。對於美國的空間站項目，日本的合作立場也非常堅定。而先進國家與發展中國家在國際大科學和大工程領域的合作，主要看中的是對方有自然資源特色的領域，因此，其合作重點主要集中在地學、動植物、遙感技術與應用、能源與氣候變化、生態環境等領域。

　　值得注意的是，在合作開展大科學研究計劃的過程中，各國非常重視在其中的主導權，例如，先進國家十分重視爭取在本國設立國際大科學計劃的國際項目處，以便獲取較大的發言權、利用國際財源促進本國在該領域的發展、吸引國際優秀人才以及獲取最新的訊息和成果等。日本與歐盟對ITER場址的爭奪就充分說明了這一點。

（五）加強在國際組織中的話語權

　　鑒於國際科技組織在國際科技事務中的重要作用，各國均高度重視在國際組織中的作用。美、英等先進國家是聯合國等眾多國際組織的發起國，他們透過在國際組織中占據主要職位、大量派駐工作人員、支付大量會費等手段主導國際組織的政策和制度，從而影響國際規則的制定。作為二戰的戰敗國，日本在眾多國際組織中都處於先天弱勢。近年來，日本為加強在國際組織中的作用，從組織、資金、人才等方面給予了重要保障。例如，日本外務省專門設有綜合外交政策局，分為「聯合國政策課」與「聯合國行政課」，分別從事關於聯合國政治和經濟有關的工作。外務省將近十分之一的職員在從事與聯合國有關的工作。日本加入聯合國的時候，所分

擔的會費比率只占全部會費的1.92%，但2005年達到了19.5%左右，金額高達3.464億美元，僅次於美國的22%，據世界第二位。2000—2009年間，聯合國教科文組織幹事長就由日本人松浦晃一郎擔任。2008年5月推出的《加強科學技術外交戰略》報告書明確提出要加強在國際組織中的作用。

（六）支持企業的國際化

企業是創新的主體，為此，各國均高度重視和支持企業的國際化，把外國企業吸引到本國來，以獲取全球最新的研發資源；支持本國企業走出去，以占領全球市場。

為把外國企業吸引到本國來，各國採取了各種措施，包括給予外國企業國民待遇，如享受研發稅收減免，有資格申請國家科技計劃項目等。芬蘭的FinNode創新中心網絡則為外國企業提供了一個平台，幫助他們與芬蘭合作者建立業務聯繫，並獲得最新研發資源。德國開展了「在德國研究」計劃，以推動德國與國外新合作夥伴的研發合作。

同時，很多國家採取了多種措施，以支持企業走出去占領國際市場。瑞典政府2009年推出了VINN EXPORT計劃，以財政支持的形式幫助在出口市場中有合作夥伴或客戶的中小企業發展創新能力。荷蘭2009年推出了prepare2 start計劃，透過撥款補貼的形式支持新興市場投資可行性研究，幫助600家中小企業進入國際市場。德國支持中小企業與非歐盟國家建立國際科技合作關係。

（七）加大對國際公共疆土的科學探索力度

近年來，太空、深海和極地等國際公共疆域因其蘊藏的巨大資源和重要的戰略價值而受到世界各國的高度重視。在國際公共疆域

的勘探問題上，國際上通行的做法是，誰先勘探，誰享有優先權。為取得國際公共疆域開發的優先權以便在其未來的開發和利用上占據先機，世界各國都非常重視對這些地方的科學研究和探索，加大了科技投入並啟動了專門的計劃。例如，美國為推進對太空的科學研究，大力增加了美國航空航太局的研發預算，近年來，美國航空航太局研發預算一直保持較快的增長速度。日本在第三期科技基本計劃中把宇宙、海洋開發作為四大推進領域之一，2007年預算中對南極觀測和海洋地球科技領域預算總額為519億日元。

　　國際公共疆土的公共性促使各國在這些地方開展了大規模的國際科技合作，然而，各國在國際合作中均高度重視發揮主導性，以獲取最大利益。以極地科考為例，2007年3月，由國際科學理事會（ICSU）和世界氣象組織（WMO）聯合發起的第四次國際極地年正式啟動，來自60多個國家的5萬名科學家將參加為期2年的極地科學考察。為了在國際極地年活動中扮演領導者的角色，美國不僅提前3天就啟動國際極地年活動，而且白宮科技政策辦公室（OSTP）還指定美國科學基金會（NSF）協調美國聯邦各部門資助極地研究。

　　綜上所述，創新型國家都高度重視創新的國際化和科技合作，但國際化本身並不是目的，而是手段，其真正目的是：攫取國際科技創新資源，提高本國的創新能力和水平，加強本國科技的國際影響力和世界主導權。

第七章 先進國家本土創新戰略及政策趨勢

在全球化背景下,儘管各國政府都高度重視開放創新,但是,他們深刻地認識到,本土創新是國家創新能力的根本,只有本土創新能力提升了,才具備與其他國家平等合作的條件,才能從合作中最大獲益。因此,各國政府都把提升本土創新能力作為創新戰略的核心,高度注重培育本國企業、科學研究機構等的創新能力。

一、自主創新是所有創新型國家的基本戰略與發展趨勢

從上世紀美國開始大力投資並管理科學技術發展以來,世界各國均將提升本土創新能力作為長期發展的國家戰略,與本國經濟社會發展的重大需求密切結合,並對本國參與國際市場競爭的各主體的需求做出積極的響應。近年來尤其是金融危機發生以來,各國均認識到,必須要大力提升本土創新能力,才能在全球價值鏈中占據高端。

(一)歐盟及其成員國的本土創新戰略

1.歐盟

從整個歐盟層面而言,歐盟一直在採取各種措施大力提升歐洲本土的整體創新能力。2000年,歐盟通過了以創新為基礎的「里斯本戰略」——第一個十年經濟發展計劃,提出研發投入強度要達到3%的目標。儘管里斯本戰略遠未達到其目標,但其加強創新的決心一直沒有動搖。2010年,歐盟委員會公布了「歐洲2020戰略」——第二個十年經濟發展規劃,提出歐盟未來十年的發展重點和具體目標。根據「歐洲2020戰略」,歐盟明確把發展知識與創新經濟、綠色經濟和高就業經濟,實現智慧型、可持續和包容性增長,

作為21世紀頭10年建設歐洲社會市場經濟的三大戰略優先任務,並再次把里斯本戰略未能實現的「研發投入強度達到3%」作為五大戰略目標之一。「歐洲2020戰略」的核心是創新,為此,其提出了「創新型聯盟」的配套旗艦計劃,要求歐盟把創新作為首要和壓倒一切的政策目標,在10年內把歐盟建設成為「創新型聯盟」。為實現這一目標,計劃提出了加強研發投入、提高資金使用效益、實現教育現代化、4年內建成統一的歐洲研究區、簡化科學研究計劃管理、促進成果產業化、實現歐盟單一專利、啟動「歐洲創新夥伴」行動、推動社會創新、加強國際合作十項工作重點。

2.歐盟成員國

德國是一個具有悠久自主創新傳統的國家,開展自主創新早已滲透到日耳曼民族的血液中。在德意志帝國建立以後,推動教育和科技創新開始使德國成為歐洲的創新中心,其研發強度提高到了1.7%,並產生了德國式的國家創新體系,二戰以後的西德甚至維持在5%左右。在德國的科技創新戰略實施過程中,政府的主要作用是不斷制定和調整國家的科技創新戰略,並透過法律、國家政策、重點資助計劃、發展科學研究基礎設施等方式推動戰略的實踐。進入21世紀,德國政府提出了創建全球「研發創新型國家」的戰略目標,其核心在於將研發與創新有機地結合起來,全面打造德國的整體優勢,提升德國的全球競爭力。2006年,德國政府發布了「高技術戰略」,旨在促進科學與經濟的緊密聯繫,啟發科學知識與思想,並使其轉化成為具有市場優勢的產品,進而將德國打造成為全球最重要的、具有先導地位的國家。該戰略強調了以下舉措:建立產學研戰略合作夥伴關係,注重中小企業研發創新的政策促進,注重發揮政府政策的引導作用,著力推進企業的研發與創新,注重跨

學科（領域）研發創新的扶持，注重研發創新環境的整體優化，定期檢驗研發創新的成效。2008年，德國發布了《思路·創新·增長——德國高技術戰略2020》，目的是根據國家重大任務制定研究和創新政策，有針對性地激發科學研究與經濟領域的巨大潛力，為德國和全球面對的重大挑戰找到面向未來的解決方案。新戰略根據德國的戰略需求，提出了要重點關注氣候／能源、健康／營養、交通、安全和通信五大領域，並著眼於應對各個需求領域的最重要挑戰來確定「未來項目」，以開發和引領世界新的未來市場，確保德國未來物質、文化與社會的繁榮。

作為世界科學研究水平最高的國家之一，英國高度重視創新能力的提升，重視發展高價值的產品、服務和產業，與其他國家開展「高端逐鹿」，而不是「搶占低端」。英國科技創新的目標是成為一個在科學和創新方面領先全球的國家，一個對研發、教育和技能投資並向全世界出口知識密集型產品和服務的國家。2004年，英國發布了其中長期科技發展規劃——《十年科學與創新投入框架計劃》，提出為了成為將知識轉換成新產品和服務的世界領先者，英國政府要增加對科技的投入，2004—2014年間要達到年均實際增長率5.8%的水平，全國研發投入從2002年R ＆ D占GDP的不足1.9%增加到2014年的2.5%，英國本土研發費用從2002年的225億英鎊左右增加到390億英鎊左右。2008年3月，英國發布了《創新國家》白皮書，提出要使英國成為世界上商業和公共服務創新的領先國家，政府在支持創新方面要發揮以下作用：作為創新的早期用戶創造需求，為企業創新制定框架和提供市場無法提供的直接支持，促進大學的高質量研究，推動國際化創新，培養創新人才，加強公共服務創新，促進地區創新。英國創新政策的重點主要包括生命科學產業、低碳產業、數位產業、先進製造產業，另外也包括創意產業、

金融服務和商業諮詢等英國經濟的支柱產業。

　　歐洲其他國家也高度重視培育本土的創新能力，以便在競爭日趨激烈的全球中占據一席之地。法國的科技重點領域包括健康、福祉、食品和生物技術，應急技術，資訊通訊和奈米技術等；芬蘭的重點領域包括電子通信、生物技術，瑞典的重點領域包括資訊通訊、生物醫藥和環保。

　　（二）美國本土創新戰略

　　作為世界科技高度先進的超級大國，美國政府一直高度重視本土創新。首先，聯邦政府投入了巨大的研發資金以支持本土創新。自二戰結束以後，美國政府便開始對研發活動提供大力的支持，聯邦政府研發經費占全國研發經費的比例曾高達70%。隨著企業研發投入的增加，儘管政府在全國研發經費中所占比例有所降低，但投入絕對值仍不斷增加。甚至在金融危機期間，美國聯邦政府的研發預算也在增加，2011年比上一年增加0.23%。第二，政府大力支持本國產業技術發展。從裡根時代開始，面對美國企業被他國企業搶占國內外市場的被動局面，美國政府開始尋求一種綜合性的國家政策來增強技術創新能力，並開始大規模介入和扶植本國企業的技術創新行動。一方面，對企業技術創新活動提供充分的立法保障。另一方面，發布了一系促進技術創新和產業化「政府—企業」合作夥伴關係計劃。上述技術創新計劃儘管政府投入十分有限，但卻在關鍵時刻造成了引導和促進作用，美國經濟日益活躍，湧現出一批未來帶動「新經濟」發展的著名高新技術企業。

　　歐巴馬就任美國總統以後，更是把加強本土創新能力提升到一個新的高度。歐巴馬在競選之時就提出了支持美國的本土創新（Home-grown Innovation）的口號，強調要保持美國的世界創新中

心地位,以帶動經濟增長、增加高質量就業、創造財富。上任以來,歐巴馬透過各種措施加強本土創新,2011年發布的《美國創新戰略》集中體現了美國政府的創新舉措,具體包括:1: 提升美國創新的基礎能力:培養符合21世紀知識和技能需要的下一代人才和世界一流的勞動力隊伍,加強和擴大美國在基礎研究領域的領先地位,建設21世紀的先進基礎設施,發展先進的資訊技術生態系統,擴大高速互聯網的接入,推動電網現代化,確保網絡安全。2:提升美國企業的創新能力,具體包括:簡化和永久化的研發稅收減免,支持創新的創業者,促進「創新中心」的發展,推動建立創新、開放和競爭的市場。3: 催生在國家優先領域的重大突破,發動清潔能源革命,加快生物技術、奈米技術和先進製造的發展,提高空間能力和開發突破性應用技術。

　　金融危機發生後,歐巴馬政府更加重視本土創新,在其《復興與再投資法案》中甚至再次提出了購買美國購條款來支持美國本土企業的發展等。此外,各州也大幅度提高稅收優惠,以便把美國跨國企業留在美國,近來,開拓重工、奇異公司、福特等美國製造業巨頭紛紛宣布計劃,對於在美製造業投入新資金。波士頓諮詢公司的一份報告,2015年,在美國銷售的商品中,美國本土製造的產品已經領先於中國。[19]

（三）亞洲主要國家本土創新戰略

　　日本和韓國同屬於透過技術引進、消化、吸收、再創新而實現了技術跨越的國家。當與世界科技前沿差距較大時,日韓兩國主要透過引進、學習外國技術來實現技術進步,同時注意對引進技術的消化和吸收;當與世界科技前沿差距縮小到一定程度以後,日韓兩國轉向主要透過自主創新來實現技術進步。

日本的「科技立國」戰略實施主要經歷了3個階段：第一階段，重點開展技術引進，推動實施「吸收型」技術戰略。第二階段，加強自主研究，提出「技術立國」戰略。由政府負擔國民經濟上重要、迫切的先導的大型工業的開發，並在國立試驗研究機構、企業界、學界等的密切合作之下，有計劃、高效率地開展研究開發活動。第三階段，全面推動自主創新，提出注重基礎研究和獨創性自主技術開發的「科學技術創造立國」戰略。「技術立國」戰略在推動創造性自主技術開發的弊端在1990年代日益顯露，國際社會對日本缺少原創成果的批評也日益高漲，促使日本政府以《科學技術基本法》的頒布為契機，下定決心要加大國家對科學技術的投入力度，強化各個領域和環節中的富有創新精神的研究與開發，走出一條真正意義上的「科學技術創造立國」之路。自1996年開始，日本每5年制定1期《科學技術基本計劃》，以作為實施「科學技術創造立國」戰略的具體行動計劃。當前，日本已經實施三期科技基本計劃，在這些基本計劃中，日本高度重視基礎研究，投入的經費日漸增加，也產生了較好的成果，如諾貝爾獎獲得者人數近年來大大增加就是例證之一；同時，日本把綠色創新和生命創新領域投入了大量資源，以便加強自主技術開發，占領科技制高點。

　　韓國從經濟落後國家發展到在多個領域的世界技術前沿占有重要地位的新興工業國家用了40多年的時間。其成功的一個重要經驗是：在廣泛吸收各國先進技術的基礎上，始終把培養和增強本土創新能力作為國家的基本政策。韓國非常重視消化吸收和再創新，許多領域的技術引進與消化吸收投入之比達到1：5—8，使本國企業的自主開發能力得到了迅速提高。1980年代以來，韓國認識到，必須著眼強化經濟增長的內生動力，透過優先發展科學技術，增強自主創新能力，方能促進發展方式轉變和結構轉型。1982年，韓國正

式提出「科技立國」戰略，並明確其主要目標是利用先進技術改造原有產業。進入90年代，韓國政府為減輕對先進國家的技術依賴度，進一步豐富和發展「科技立國」戰略，開始重視發展本國的高新技術產業，促進產業結構的優化升級。

進入21世紀，為應對日益激烈的國際科技競爭格局，韓國政府又提出「第二次科技立國」戰略，核心內容是從「引進、模仿」創新轉為「創造性、自主性」創新。[20] 2000年，韓國公布了長期科技發展規劃——《韓國2025年構想》，提出大力提升韓國的科技創新能力，到2015年，韓國競爭力世界排名要上升到第10位，成為亞太地區的主要研究中心；到2025年要上升到第7位，部分科技領域居世界主導地位。

韓國政府大力加強科技創新，韓國政府發布的「科學技術基本計劃577戰略」明確規定：「到2012年將國家研究與開發（R＆D）支出提高到國內生產總值（GDP）的5%，透過集中培養7大R＆D領域和實施7大系統改革，發展為7大科學技術強國」。在2011年初，韓國知識經濟部公布了2020年產業技術創新戰略思路，提出要實現從「快速跟蹤」戰略到「領先者」戰略的轉變，並實施「獨一」未來成長戰略。

二、各國支持本土創新的通用做法

為促進本土創新，各國政府都加大了資金支持。如果把政府投資和減稅加在一起，經合組織（OECD）（OECD）成員國對研發的投入平均已超過GDP的3%，而美國和韓國已達到5%。此外，各國政府還透過政府採購、加大對中小企業的創新支持以及加強技術

出口管制等措施來扶持本土創新。

（一）透過稅收減免支持本國企業創新

WTO規則禁止政府向企業提供補貼，以免造成不公平競爭，因此，各國對本土創新的支持往往以間接支持為主。與其他政策工具相比，稅收減免政策工具的作用更直接，影響更大，作用時間更長。為此，採用這種手段的國家越來越多，1995年經合組織（OECD）國家只有12個國家對研發進行稅收減免，而目前則增至22個，同時，各國稅收優惠力度也越來越大，例如，英國從2008年8月起將中小企業研發支出可抵扣應納稅所得額的比例從原來的150%提高到了175%。[21] 法國和西班牙的稅收減免幅度最大，每一美元的研發支出將分別獲得0.425個和0.349個單位的稅收減免。

稅收減免對於支持本國企業創新能夠發揮以下作用：首先，很多國家透過稅收政策鼓勵企業增加研發投入。美國總統歐巴馬提出要對研發稅收抵免永久立法，以便給美國企業界繼續投資於研發和創新活動帶來信心。法國自2008年開始把稅收減免幅度提高到30%（2004年為10%）。第二，透過稅收減免、加速折舊等措施鼓勵企業更新和購置先進設備，如科學研究設備的法定使用年限縮短為3年，機器設備縮短為5年，廠房、建築物縮短到10年，風力發電設備可分5年折舊完。第三，利用稅收優惠政策支持中小企業創新，英國「中小企業投資研究開發減免稅政策」規定年營業額少於2500萬鎊的中小企業，每年投資研究開發超過5萬英鎊時，可享受減免稅150%的優惠待遇。

（二）政府重點資助基礎性、公益性和共通性技術研發

WTO的《補貼與反補貼措施協議》認為，政府對產業研發活動的過高補貼會對國際貿易和自由競爭構成一定威脅，為此該協議

對WTO 成員產業R ＆ D 活動的補貼範圍、水平和合法成本進行了詳細規定：政府對基礎性研究的補貼不在限制之列，對產業研究的補貼比例為不超過75%，對前競爭開發活動的補貼比例不超過為50%。在此背景下，很多國家的財政支持重點主要放在基礎性、公益性、共通性技術研發上。

　　基礎研究是各國財政研發投入的重點，各國近年來都加大對基礎研究的支持力度。美國聯邦政府1980年對基礎研究的投入占聯邦研發投入的比率為20%，2000年此數值增加至33.48%。「美國競爭力計劃」完成十年間（2006—2015年）美國聯邦基礎研究投入翻一番。韓國「基礎研究振興綜合計劃」提出要「在2012年前對基礎研究的投入達到4萬億韓元（占政府研發預算的35％）」。

　　除了基礎性研究以外，各國政府支持的重點主要放在公益性領域，其中，政府對衛生和環境研發的資助比率增加得最多。美國與衛生相關的研發資助增長尤為強勁，而許多其他經合組織（OECD）國家對環境研究計劃的資助增長較多。從2000年開始，衛生相關的研發占了美國政府民用研發預算的一半以上。在整個經合組織（OECD）內，經濟發展項目占政府研發的相對比率明顯下降，從1981年的25％下降至2005年的15％。

　　共通性技術事關各國的產業競爭力，各國政府高度重視，往往會設立專門的計劃給予支持，如美國的先進技術計劃（ATP）、韓國的先導技術開發計劃（G7計劃）、日本的超大規模積體電路計劃等。對於這類計劃，往往是政府出資不超過50%，項目承擔單位出資不少於50％的模式。此外，各國還透過進行重大產業共通性關鍵技術的選擇，促進產業共通性技術研發組織的形成和發展，營造鼓勵共通性技術研發的政策環境等舉措促進產業共通性技術的發

展。

(三) 綜合支持中小企業特別是創新型企業

在先進國家的創新體系中,中小企業因其創新活力而占據了重要的地位,因此在國外支持創新的政策措施中,均十分注重對中小企業,尤其是創新型中小企業的支持。由於許多針對中小企業設計的支持政策往往不受國際規則的約束,因此可以在直接幫助本國中小企業發展的同時,有效實現支持和鼓勵本土創新的目的。

各國政府促進中小企業創新的政策措施主要包括:1:設立專項資金促進中小企業發展,如美國小企業創新研究計劃 (SBIR)、加拿大產業研究支持計劃(IRAP)、加拿大技術夥伴 (TPC)計劃、法國創新企業項目競賽計劃、英國小企業研究和技術獎勵(SMART)計劃等。2:政府出資設立創投基金,鼓勵民間資金向中小企業創新投資,如芬蘭國家研發基金(SITRA)、英國RVCF基金、法國種子基金、澳大利亞創新投資基金(IIF)、紐西蘭創新投資基金(VIF)、以色列YOZMA基金、瑞典ALMI基金等;3:透過國有金融機構(特別是國家發展銀行或國家開發銀行)以及國有或國家控股的投資公司(如日本亞洲投資公司和韓國小企業振興公司等),面向中小企業創新進行風險投資和為中小企業創新提供風險信貸,從而實現對中小企業創新的支持。如加拿大國家發展銀行(BDC)2009年宣布設立專門支持初創科技企業的創業投資基金—「天騰拓展(Tandem Expansion Fund)」基金。4:透過稅收優惠等舉措鼓勵投資機構向中小企業投資。在美國小企業投資公司(SBIC)計劃中,申請加入政府小企業投資公司計劃的私營創業投資公司,將透過多種方式獲得美國小企業管理局(SBA)提供的資金支持。英國企業投資計劃(EIS)提出,向中小企業投

資者可以獲得四種形式的稅收優惠，分別是所得稅減免、資本利得稅免除以及資本損失減免和延遲納稅。除此之外，各國還透過促進中小企業參與技術合作（包括技術轉移、產學研合作和國際合作）、促進中小企業技術創新服務體系建設等來促進本國中小企業創新能力的提升。5:透過創新券激勵中小企業與科學研究機構合作。最近幾年來，一些國家相繼發布創新券計劃，中小企業透過申請獲得創新券，憑券可向科學研究機構購買知識產品，用於本企業的技術創新或解決相關研究問題，研究機構可憑從企業收到的創新券向政府兌現。比利時瓦隆地區推出的技術券可以作為75%的補貼；丹麥2008年發布了新的創新券計劃，基本券的40%由國家出資，擴展券的25%由國家出資；義大利一些地方政府2009和2010年將創新券提供給中小企業；荷蘭自2008年以來已經提供了2萬多張創新券，此外，斯洛文尼亞、瑞典、瑞士、希臘等也發布了創新券計劃。[22]

（四）透過政府採購支持創新

相對於直接研發資助而言，政府採購能夠為新技術提供引導市場，從而更能激發創新，而且政府採購資金數額巨大（各國政府採購占GDP的比率一般為10%以上），因此，各國政府均高度重視利用政府採購來支持本國創新。

各國透過政府採購支持創新主要有兩種做法，一種是研發採購，一種是創新產品採購。對於研發採購而言，由於採購的是尚不存在的技術或方案，因此，政府採購部門必須具備對技術尖端的準確把握，同時，採購的技術規範不能限制得過於嚴格，以免承包商不能提供創新的解決方案。對於創新產品採購而言，採購的授予準則不是最低價格準則，而是最大經濟優勢準則，要重視全生命週期

成本，包括採購成本、運行成本和廢品處理成本。在美國的《政府採購法》中，明確規定聯邦政府採購的耗能產品必須是能源之星認證或聯邦能源管理辦公室指定的節能產品，凡涉及用能產品的服務採購，包括公共建築的設計、建造、改建或維修，供應商必須提供能源之星認證的節能產品。

很多國家還透過對產業共通性技術和關鍵技術實施政府採購，來推動本國高新技術產業發展，美國政府透過對國產高新技術產品進行政府採購，在電腦、半導體、積體電路、航空航太和生物製藥等領域，扶持和發展了一批重大戰略性技術，創立了新型產業並推動了這些產業的發展，帶來了美國戰後多年的繁榮和世界領先格局。韓國在高速鐵路和核電站等公用事業的裝備，全部首先由政府採購使用。

需要說明的是，各國的政府採購政策一般會向本土企業傾斜，從而提高了本國的核心競爭力。美國《購買美國產品法》明確規定「扶持和保護美國工業、美國人和美國投資資本」，在同等條件下，美國給予國內投標商10%～30%的優惠價格。美國《聯邦採購條例》指出，政府採購對象必須是在美國本土的廠商或公民的產品及服務，若採購外籍產品，該產品必須是在美國本土生產的、在美國本土的成本支出必須超過總成本的50%。透過這些規定，美國聯邦採購主要授予本土企業，如2005年90%的聯邦採購都是由美國本土的企業實施的。其他國家也採用類似的做法，英國要求政府部門、政府實驗室和國營公司在電腦和通信器材等的採購上，必須從本國公司購買；法國政府要求航空、鐵路、通信等部門優先購買本國產品。韓國法律要求國家機關及地方政府等機構優先採購高新技術產品，而且，即使本國產品價格較高也要優先採用。2004年韓國

財政部購買了50台現代公司新研製的清潔燃料汽車,每台1億韓元的價格均高於市場普通車10倍[23]。印度近期決定實施的一項新的訊息產業發展戰略規定,所有中央部委在採購電子資訊硬體時必須100%購買本國產品;其他政府機關和公共部門的政府採購中總價值的30%必須來自「印度製造」產品,特別是電子產品。[24]

先進國家除了法律明文規定購買國貨外,也利用一些例外規定來儘量確保政府採購能夠留在國內,特別是針對中小企業的優惠措施。如美國《小企業法》規定,2500美元至10萬美元的採購只能向中小企業邀標;超過50萬美元(工程為100萬美元)的採購,大企業中標的,必須分包給中小企業及弱勢中小企業。歐洲國家也普遍採用分拆合約的方式,使40%左右的合約為歐盟內部的中小企業所獲得。日本在1966年制定的《確保中小企業獲得政府和其他公共機構訂單的法案》,要求政府採購實體努力使中小企業獲得合理占比的合約,並要求通產省每年制定相應的計劃以利於各相關部門實施,而各相關部門要向通產省匯報其實施效果。為了完成這一任務,日本各政府部門透過將合約拆分成若干小額合約,或者使用指定招標或非競爭招標的方式,將政府採購合約授予中小企業,從而使中小企業大約獲得40%－50%的合約。韓國早在1996年就大力支持政府採購中小企業的產品,並設立了中小企業廳,2005年韓國政府採購廳(PPS)的全部採購中有約55%授予中小企業。

(五)透過技術出口管制確保本國先進技術不流失

各國一方面利用各種手段加強本土創新,一方面加強技術出口管制,避免本國先進科技成果流失,以維持本國的科技壟斷地位。

美國是國際出口管制的領導者和主要實施者。當前,其出口管制制度已經發展為一個較為嚴密的管制體系。特別是在「9·11」之

後，美國在制度立法、清單管理、機構設置、部門協調等諸多方面都明顯加大了力度，管制趨於嚴厲。歐盟2000年6月通過了「1334號法令」，詳細列舉了軍民兩用商品和技術清單和武器清單。2003年，歐盟理事會又將《出口管制法》作了進一步完善。歐洲各國也根據本國的情況，制定各自的技術出口管理制度。俄羅斯是武器大國，但在出口管制方面比較寬鬆，近年來迫於西方國家的壓力也強化了其管制機制。此外，日本、韓國甚至印度等國家也都在加強技術出口管制。

近年來，各國對「視同出口」管制予以了特別關注。美國認為外籍人員在美國留學、進修、訪問或學術交流時，有可能將美國的尖端技術「轉讓」到海外，因此政府有必要採取措施對某些涉及敏感或尖端領域的學術活動進行嚴格限制。2006年美國政府審議的865個「視同出口」許可證中，有60%針對中國公民。在美國的推動下，「澳大利亞集團」、《瓦森納協定》等多邊管制體系也開始不斷提高高新技術出口和「視同出口」的門檻。比如，「澳大利亞集團」近年發布了新規定，對無形出口進行嚴格控制，禁止透過電話、傳真或電子郵件傳播可疑的無形訊息。

除了加強技術出口管制以外，先進國家還加強了對外資的監督和管理，尤其是對一些涉及關鍵技術的外資管理。2007年，美國通過了《2007年外國投資與國家安全法案》（FINSA），進一步強化了對外國公司投資美國資產的審查與限制。2008年5月，俄羅斯聯邦通過了聯邦法《俄羅斯戰略領域外國投資管理辦法》，限制外資進入俄羅斯「戰略經濟領域」。8月，俄羅斯聯邦政府公布了涉及國計民生、國防與國家安全的關鍵技術清單。2008年4月，加拿大開始考慮修訂外國公司購買加國公司的有關法律。

一個值得關注的趨勢是，隨著中國近年來的快速崛起，先進國家強化了對中國技術出口管制。1989年之後，美國加強了對中國出口管制。2003年，美國進一步加大對中國高技術產品出口管制，尤其是軟體和高技術設備。2007年6月，美國新的對中國高科技出口管制新增了31類對中國出口時需申請許可證的有軍事用途的物項，這些物項包括航空發動機、水底照相機、雷射器、貧鈾、機床、高性能電腦等20種。近年來，儘管很多歐洲國家提議解除對中國軍售禁令，但鑒於美國的壓力，2008年4月，歐洲議會再次通過了繼續維持「對中國敏感技術和武器禁運」的決定。這意味著歐洲延續了近60年的對中國技術封鎖至今仍沒有鬆動跡象。同時，為配合其技術封鎖戰略，先進國家近年來一直在不斷炒作「中國間諜論」，除了新聞媒體大肆宣揚「中國間諜案」以外，政府官方也在大抓「中國間諜」。

註釋

[1].OECD SCIENCE, TECHNOLOGY AND INDUSTRY SCOREBOARD 2009.P126.

[2].OECD SCIENCE, TECHNOLOGY AND INDUSTRY SCOREBOARD 2009.P128.

[3].截至2010年4月，日本產業技術綜合研究所中的在職人員為2365名，其中外國研究人員為82名；透過產學官合作制度而在此工作的研究人員數量為4202名，其中外國研究人員為529名。http://www.aist.go.jp/aist j/information/staff etc/staff etc.html.

[4].http://www.riken.jp/r-world/riken/personnel/index.html。

[5].OECD Economic Globalisation Indicators 2010.P118.

[6].2010年美國科工指標（表5—18）。

[7].OECD Economic Globalisation Indicators 2010.P122.

[8].World Intellectual Property Indicators, 2010.P46-47.

[9].OECD SCIENCE, TECHNOLOGY AND INDUSTRY SCOREBOARD 2009.P110.

[10].唐馥馨、張大亮、張爽：《後發企業自主國際技術標準的形成路徑研究》，《管理學報》，2011年7月。

[11].王金玉：《國外標準化發展戰略》。
http://www.eesp.org/disquisition/004.htm.

[12].OECD SCIENCE, TECHNOLOGY AND INDUSTRY SCOREBOARD 2009.P118.

[13].《經合組織（OECD）科學、技術和工業展望》（2010中文翻譯版），科學技術部調研室，中國科學技術訊息研究所，2011年4月，第51頁。

[14].高洪善：《歐盟研發國際化戰略分析》，《科學技術部國際合作司駐外調研報告》，2010。

[15].苗允：《日本科技發展國際化戰略》，《駐外調查報告》，2010年4月。

[16].聯合國教科文組織《2010年世界科學發展報告》。

[17].滕紅勝：《韓國科技國際化事業》，《駐外調查報告》，2010年4月。

[18].禹庚：《新加坡科技國際化的發展路徑》，《駐外調研報

告》，2010年4月。

[19].美國製造業東山再起意味著什麼？
http://www.jeasse.com/NewsView.Asp?ID=169

[20].李春景：《「中等收入陷阱」面前韓國巴西的不同選擇》，《經濟參考報》，2011年6月。
http://world.banyuetan.org/hqkd/jjfy/110603/42871.shtml.

[21].中華人民共和國科學技術部：《國際科學技術發展報告2009》，科學出版社，2009年版。

[22].《經合組織（OECD）科學、技術和工業展望》（2010中文翻譯版），中國科學技術訊息研究所，2011年4月。

[23].萬莎：《先進國家促進企業自主知識產權成果產業化的財政政策研究》，《財經政法資訊》，2011年第1期。

[24].任曉明（駐印度使館科技處）：《印度大力發展電子製造業提升與中國競爭力》，2011年8月。

第三部分 全球化下的中國自主創新

第八章 中國自主創新面臨全球化的新態勢

中國經濟與世界經濟已經連成一體。世界的創新發展越來越離不開中國。據聯合國貿發會議2004—2005年對世界研發支出最高的一批公司所做調查顯示，跨國公司海外R & D的比重正在迅速提高。所調查的公司中有半數以上已在中國或印度開展了R & D活動。高達69%的公司表示今後其海外研發的比率將會增長[1]。從投資目的地看，中國是跨國公司海外研發投資的重點國家之一。有61.8%的公司把中國作為未來研發拓展目的地，高居首位。隨著外資研發機構對中國的看好，中國的創新國際化進程必然加快。

2011年，中國規模以上工業企業中，外商投資企業和港澳台商投資企業（以下簡稱三資企業）占全部工業總產值的25.8%，其中，新產品工業總產值占34.4%，利潤總額占25%。科技研發活動方面，R & D人員占24.2%，R & D經費內部支出占25%，新產品開發經費支出占27.9%，新產品產值占34.4%，新產品出口占59.5%，專利申請數占24.4%。中國外貿出口中60%源於外資企業，高新技術產品出口的80%來源於外資企業。與改革開放初期相比，中國自主創新面臨全球化的新態勢，自主創新的國際空間加大，同時與上游國家的競爭日益激烈。

一、自主創新的國際空間大大增加

國際產業轉移出現升級趨勢，創新型中小國家合作創新活躍，後發國家發展需求迫切。這擴大了中國發展的國際空間，為自主創新提供了多元整合資源的機會。

（一）國際產業轉移出現升級趨勢

先進國家經濟再平衡的方法，一是振興高端製造業，開始「再工業化」；二是擴大服務業出口，向中國等新興經濟體轉移知識密集型產業。服務業轉移是製造業國際化的要求，也與服務業的訊息化有關。上個世紀的國際產業大轉移是第一次國際產業轉移，其內容主要是轉移低端製造業；現在正在進行的國際產業轉移是第二次國際產業轉移，其內容是知識密集型服務業。據統計，當前服務業跨國投資已接近全球跨國投資的2/3。

轉移升級的途徑主要是三種。一是研發產業轉移，即研發型企業或企業研發業務包括研發外包，從高成本國家流向低成本國家；二是研發產權轉移，即出售或收購研發型企業的所有權或企業研發機構的所有權；三是研發人才轉移，即研發人才從經濟衰退國家向經濟繁榮國家流動。

（二）創新型中小國家合作創新活躍

世界研發活動高度集中在少數大國的局面小幅改變，創新型中小國家創新活躍，全球創新出現了「1＋N」的格局。與此同時，中國經濟的戰略性增強，與創新型中小國家創新互補性增強，創新主體之間跨國合作密度增強。這些創新型中小國家總體上已經進入知識經濟，在一些科技領域具有最高水平，但實體經濟小，國內市場小，大學和研究機構急需與實體經濟結合。它們有的把進入中國

經濟體作為國家的戰略選擇，有的政府在中國設立為企業服務的機構，積極開展合作創新；特別是大量的企業、大學和科學研究機構與中國相關單位開展了廣泛的創新合作。這使中國不僅可以同創新型大國合作，還可以充分發揮其他創新型中小國家合作的積極性，大大增加了整合國際資源自主創新的機會。

（三）後發國家發展需要迫切

亞非拉廣大發展中國家渴望發展，需要低成本創新。隨著自主創新戰略和政策的實施，中國科技人力資源紅利開始顯現，規模化基礎設施基本形成，市場化研發體系已經建立。這深刻改變了中國資源稟賦，顯著提高了中國的國際競爭力。與廣大後發國家相比，已經拉開一定距離。統計表明，10多年來，中國勞動力成本大約增長4倍，目前勞動力成本相當於泰國的1.5倍、菲律賓的2.5倍、印尼的3.5倍。據悉，愛迪達在柬埔寨工廠的工人月薪不足人民幣900元（印度成衣工人月薪250元），而中國工人的月薪為2300餘元。這大大減少了與這些國家的競爭性，增強了經濟和創新的互補性，為自主創新提供了寬廣的國際整合空間。中國不僅可以同先進國家合作，共同解決重大創新問題和全球性問題，還可以同後發國家合作，開展國際技術轉移，幫助後發國家提高本土創新能力，解決民生問題；可以同新興經濟體國家合作，優勢互補，共同發展。

二、自主創新面臨上游國家激烈競爭

中國科技實力的迅速增長和創新崛起，創新市場的逐漸擴大，對國際創新活動影響的增強，緩解了中國同下游國家的競爭，但使中國面臨來自上游國家的競爭，圍繞創新的磨擦將不斷增加。創新

全球化總的趨不可改變，但少數上游國家有可能採取反全球化的策略。

（一）對中國產業定位的長期固化

根據美國《華爾街日報》的觀點，長期以來在經濟全球化浪潮中，國際分工將世界經濟體劃分成三類國家：以美國為代表的「知識生產的頭腦國家」，以其先進的自主創新能力和金融系統在全球配置資源，利用技術、專利、標準、知識產權等優勢占據了產業鏈和價值鏈的高端環節；以中國為代表的「物資生產的軀幹國家」，利用低廉的勞動力成本承接世界工廠，由於缺乏核心知識產權和自主創新能力被鎖定在產業鏈和價值鏈的低端，透過以大量消耗能源資源以及破壞環境為代價獲得國際貿易；以俄羅斯等為代表的「資源供應的手腳國家」，由於新興經濟體強勁產能擴張的推動，不僅出口大增，而且價格上升，分享了經濟全球化的紅利。在這種全球分工體系中，以美國為首的西方國家無疑是世界經濟增長的領導者和全球化的最大贏家，因此對任何有可能打破目前國際分工體系均衡現狀的國家保持著高度警惕。

中國產業鏈將繼續面臨上游「頭腦國家」的低端鎖定。外資在華的若干重要領域占有大部分市場占有率。中國高技術產業的產值、新產品銷售額、高技術產品出口額等重要指標三資企業都占有大部分或絕大部分比率；而高科技領域中的發明專利和重大裝備，大多數來自國外。由此跨國公司在華一直獲取高額利潤。面對中國創新能力的提高和自主品牌市場占有率的提高，上游國家政府配合跨國公司，控制研發、設計環節和核心部件，採取創新壟斷措施遏制競爭，打壓中國企業創新，繼續對中國產業鏈低端鎖定。

（二）貿易技術壁壘的不斷抬頭

據世界貿易組織統計，從1995年到2007年，各成員國通報影響貿易的新規則總量為23897件，其中技術性貿易措施16974件，占總量的71%。據估計，技術標準影響了全球80%的貿易，年涉案金額達8萬億美元[2]。

　　金融危機爆發前些年，美國、日本以及歐盟國家在技術標準、技術法規、合格評定程序等多個層面，已經基本建立了技術性貿易措施體系，如歐盟《報廢電子電氣設備指令》、歐盟《關於化學品的注冊、評估、許可和限制的諮詢文件》、日本《肯定列表制度及食品中農業化學品殘留限量最終草案》。這些措施影響範圍廣、影響程度深、應對難度大，對相關產品的國際貿易，客觀上已產生了約束和限制作用。2007至2008年上半年，寧波市企業因國外技術性貿易壁壘遭受的損失已逾90億美元。[3] 技術性貿易壁壘已超過傳統的配額、許可證措施和反傾銷問題，成為繼匯率、關稅後的第三大出口貿易障礙。

　　金融危機後，隨著實體經濟受到衝擊，各國貿易保護主義不斷抬頭，保護的範圍和影響也呈現擴大趨勢。2009年3月26日，WTO發布的第二份《金融和經濟危機及與貿易有關的進展報告》列舉了2008年9月至2009年3月各成員採取的211項措施，涉及G20成員中的18個。中國受到的影響也凸顯。以輕工行業為例，自2008年9月到2009年2月13日，涉及輕工各行業的技術性貿易壁壘就有80件，涉及的行業有玩具、家具、五金、家電、乳製品、化妝品、焙烤、工藝品、燈具、日化、飲料、糖果、體育用品、玻璃製品、蠟製品、電池、照明、陶瓷、製鞋、帽子、樂器、眼鏡、文具、塑料共22個行業。技術性貿易壁壘在中國的快速發展，究其原因主要有兩方面。從外因來看，全球貿易保護主義抬頭，美國、歐盟都以強調自

身利益為核心，對外態度逐漸用強。由於先進國家擁有技術優勢，在標準制定上擁有更多話語權，因而技術性貿易措施成為重要貿易壁壘。從內因來看，中國企業出口依賴度大，自主品牌較弱，對先進國家的夕陽產業形成一定衝擊；同時由於中國產業結構和其他發展中國家類似，形成競爭。近年對中國發動技術性貿易壁壘最多的地區依次是歐盟、美國、日本、俄羅斯和東盟，這些國家是中國主要對外貿易夥伴。

從2011年7月20日起，歐盟開始實施新的玩具安全指令，該指令被認為是全世界最高標準，確保歐盟境內的玩具是零缺點和零風險的。新指令不僅對玩具的機械、物理性能提高了要求，對化學性能要求更是嚴苛。對特定重金屬的限制由8種增加為19種，66種過敏性香料被明確限制，其中55種禁用、11種香料的含量超過0.01%時需標識。此外，還首次禁用致癌、致基因突變、影響生育的化學物質。關於化學成分的指令允許企業有兩年的過渡期，到2013年7月20日正式生效。違反指令的玩具企業除受到罰款、召回產品等處罰外，情況嚴重的將被追究刑事責任。歐盟玩具市場占世界25%，2010年，歐盟27個成員國的傳統玩具出口總額約10億歐元，進口總額約70億歐元。[4] 中國是歐盟最大的玩具進口國，雖然從長遠來看，安全標準的提高可以促進中國玩具行業的結構升級，但短期內新指令可能會提高中國玩具製造企業的出口成本，在一定程度上減少對歐玩具出口數量。

（三）以環保名義設置低碳陷阱

隨著出口企業技術能力提高和對外技術交流增多，在一些技術領域，一般的檢測要求不足以形成壁壘。但在企業檢測技術能力提高的同時，先進國家不但醞釀和提出更高的技術要求，也提出了一

些不以技術為直接表現形式的「軟壁壘」，如國際上不少大型採購商都已把社會責任當成選擇供貨商的標準之一。同時，環境保護、節能等因素在技術性貿易措施中作用愈加顯著，與環境保護有關的管理程序、標準在國際貿易活動中不斷體現，節能更是成為國外設置技術性貿易措施的熱門領域。

2008年7月，歐盟單方面立法，規定從2012年起，所有在歐盟機場起降的航空班機二氧化碳排放量免費額度按比例進行分配，其餘部分透過拍賣方式有償分配，即凡是飛往歐盟的飛機，徵收碳排放費用。這一舉措被稱為航空「碳管制 [5]」。按照計劃，歐盟委員會將在2011年9月確定分配給各家航空公司的碳排放配額，此舉涉及2000多家外國航空公司。國際航空協會的測算是，歐盟此舉將使國際航空業每年增加成本34億歐元，而且逐年遞增。中國民航業內人士測算，中國民航業2012年一年向歐盟支付約8億元人民幣，此費用將逐年遞增，到2020年將超過30億元人民幣[6]。同樣的問題還出現在印度、巴西等發展中國家。發展中國家認為，歐盟的舉措沒有區別先進國家和發展中國家的減排責任。

美國等歐盟以外的西方國家，也表示不滿，它們飛往歐盟的航班，大部分航程不在歐盟，卻全程向歐盟交錢。然而，這些被收的碳管制費用並沒有用於全球減排，而是以「減排」的名義補貼給了歐盟。

最早提出低碳經濟的是英國。2003年英國能源白皮書首先提出發展低碳經濟的理念，指出低碳經濟是以低能耗、無汙染為基礎的綠色生態經濟，從而使得「低碳」這個詞占據了道德至高點。英國實行了三步走戰略：第一步，把高汙染、低端的產業全部轉移給發展中國家；第二步，用幾十年時間發展低碳技術；第三步，把低碳

技術國際貿易法制化。在2008年美國舉行的G8氣候變化應對論壇上，英國等先進國家共同簽署聲明提出全球發展低碳經濟，這意味著透過產品的「碳足跡」可以決定一個產品能否進入國際貿易市場。先進國家可以憑藉技術和資金上的優勢，經由環境問題來設定棋局，透過制定碳排放交易市場、碳金融市場和碳交易核查等相關規則，進行對發展中國家的新一輪經濟洗劫。目前先進國家倡導低碳經濟的目的是為開徵「碳關稅」、實施國際貿易「碳壁壘」做鋪墊。大力發展低碳經濟確為中國未來經濟發展的一種重要路徑選擇，但在當前創新階段，我們要警惕歐美極力倡導的「低碳經濟」提法背後所蘊含的風險。

第九章 少數國家對中國自主創新政策的質疑

　　2006年中國有關部門發布了《國家自主創新產品認定管理辦法（試行）》。2009年11月又發布了《關於開展2009年國家自主創新產品認定工作的通知》。通知表示，將依據政府採購政策的需求和實際情況，在《國家自主創新產品目錄》的基礎上確定《政府採購自主創新產品目錄》，進入該目錄的產品可在政府採購活動中享受政策扶持。

　　通知發布之後，以美國為首的高科技企業，透過中國美國商會、上海美國商會和美國訊息技術產業理事會在海外媒體公開表示抗議。美國商會、美國製造業協會等19家行業協會聯名致信美國國務卿柯林頓和財政部長蓋特納，認為中國在政府採購中給予本國自主創新產品優惠的政策對美國企業構成迫在眉睫的威脅。中國美國

商會、企業圓桌會議、美國商會和歐洲服務業論壇等團體發表聯合聲明，呼籲中國收回自主創新政策。美國商務部長駱家輝率領46位美國CEO在中國展開的商貿之旅期間，公開批評中國的自主創新政策有貿易保護主義之嫌。在第二輪中美戰略與經濟對話中，自主創新政策壓倒匯率議題成為美方最迫切地企圖突破的領域。在世界貿易組織（WTO）舉行的世貿組織中國貿易政策審議會上，中國「自主創新」政策以及即將發布的政府採購法成為審議的新焦點。

一、中國自主創新政策與全球化趨勢是否一致

自中國自主創新戰略及其配套政策實施以來，一直程度不同地存在一個質疑：世界上沒有一個國家實行「自主」創新戰略和政策，外語裡也沒有與「自主創新」相對應的詞彙，中國實行的自主創新戰略和政策是為了自主創新而自主創新，與國際創新政策趨勢背道而馳，與國際社會格格不入。若與國際接軌只能提創新，不能提自主創新。

研究結論1：中國自主創新戰略和政策與全球化趨勢是一致的，是國際通行做法。

判斷自主創新政策與全球化趨勢是一致的還是相悖的，要看自主創新政策的提出與全球化是什麼關係；政策內容與國際通行做法又是什麼關係；以及實行效果與全球化趨勢是什麼關係。

首先，中國自主創新戰略及其政策的提出是全球化的必然要求。反過來說，如果中國處在封閉的狀態或者冷戰時代的狀態，根本提不出自主創新的問題。改革開放時期以前，中國與外國的經濟、技術關係是以國家為單位展開的，國家統一對外；國內沒有外

國資本和民間資本，單一的所有制，單一的經濟成分，單一的科學研究體系。這時，我們的創新還限於較低層次，以大量引進先進生產線和消費品為主，與國外的技術關聯就是購買有形的技術，不存在對技術的主導不主導、控制不控制的問題，沒有自主創新的問題。

中國改革開放以來，中國三資企業等多種經濟成分發展起來，開始是設立深圳等四個經濟特區，逐步開放沿海、沿江、沿邊、和內陸地區，並加入世界貿易組織，建立起外向型經濟，「中國製造」遍布全世界。2010年，中國外貿總額接近3萬億美元，居世界第二位，外貿依存度和石油對外依存度超過50%；2011年外匯儲備超過3萬億美元，成為世界第一大外匯儲備國；2010年外商投資居世界第二位，外資企業工業產值和研發投入占全國的27%，外資企業出口額占全國的54%。截止2010年年底，中國累計全行業對外直接投資達2800億美元，對外經濟合作業務遍及全球180多個國家和地區。跨國公司也透過研發、生產、銷售立體化布局，力圖在國內併購企業、收購知識產權和吸納人才等創新資源，控制和主導本土產業創新體系。這說明，中國與世界的經濟、技術、社會聯繫已經不僅在國際上發生，而且已經深入本土。中國處於全球化之中，是全球化的一部分。

全球化的核心內容之一，就是創新的全球化，包括創新資源配置的全球化、創新活動的全球化、創業活動的全球化、創新服務的全球化。美國透過利用全球高端優秀人才、支持企業進行跨國創新、組織國際大科學工程等措施，參加全球創新；英國的目標是使英國成為跨國企業設立研發中心的對象國，成為外國大學尋求科學或商業合作的夥伴，促進研究卓越、創新卓越，提高英國的國際影

響力，實現全球發展。在創新全球化的條件下，一個國家特別是一個大國如果不能自主創新，沒有自己的核心技術，就無法最大限度地整合全球創新資源，在全球化中只能處於外圍和邊緣，充當高投入、高消耗、高排放的「世界工廠」。因此，越是全球化越要求自主創新；反過來，越是自主創新，才越能最大限利用全球資源，深度參與全球化進程。中國自主創新的戰略和政策，就是這樣應運而生的。

其次，自主創新戰略和政策與國外本土創新戰略和政策高度吻合。自主創新是宏觀戰略，著眼於國家創新能力的提高。《國家中長期科學和技術發展規劃綱要（2006—2020年）》對自主創新的解釋是：「自主創新，就是從增強國家創新能力出發，加強原始創新、集成創新和引進消化吸收再創新。」雖然由於語言文化的不同，外語中沒有自主創新的詞彙，但著眼於國家創新能力或本土創新能力的提高幾乎是所有國家的共同的選擇。美國在質疑中國自主創新政策時，自主創新一詞用的就是英文的本土創新（indigenous innovation）一詞。無論是先進國家，還是新興國家，甚至是發展中國家，都把本土創新戰略作為國家戰略，都採取支持本土創新的政策。美國作為世界科技高度先進的超級大國，一直高度重視本土創新。歐巴馬就任美國總統以來，更明確提出支持本土創新（Home-grown innovation），強調保持美國作為世界創新中心的地位，以帶動經濟增長、增加高質量就業和創造財富。2011年發布的《美國創新戰略》集中體現了美國政府支持本土創新的戰略和政策，要求提升美國創新的基礎能力、美國企業的創新能力，催生在國家優先領域的重大突破。英國提出高端逐鹿的戰略、日本提出科學技術創造立國戰略、韓國提出獨一戰略，支持本土創新。

在創新政策的選擇和組合上，由於發展階段和文化傳統不同，各個國家各有特點，但基本的取向是相同的。中國自主創新政策與各國本土創新政策的基本取向也是一致的。這些取向包括完善國家基本政策，提供基礎設施和基礎技術，鼓勵企業提升創新能力，支持前沿戰略技術研究等。對外資參與本土創新的政策，幾乎是全世界一致，要求外資公司的創新能夠促進所在國的國家利益；要求外資公司把研發留在所在國，在所在國應用知識產權，採購所在國生產資料，帶動所在國就業。對外資公司的優惠政策實行對等原則，即外資公司母國也要給予對方國家同等待遇，充分保護對方國家的知識產權等。

再次，實施自主創新戰略和政策擴大了國際開放空間。隨著自主創新戰略和政策的實施，中國的國際競爭力增強，大大拓展了中國開放的空間，形成了全方位、多層次、寬領域的對外開放格局。中國可以同後發國家合作，開展國際技術轉移，幫助後發國家提高本土創新能力，解決民生問題；可以同新興經濟體國家合作，優勢互補，共同發展；還可以同各個先進國家合作，共同解決重大創新問題和全球性問題。

自主創新戰略和政策的開放性，還可以從下面的第二個問題得到證實。

二、中國自主創新政策是否排斥外資

質疑中國自主創新政策的另一個觀點是自主創新政策排斥外資。持這種質疑的人，其邏輯是：在全球化的條件下，中國本土經濟已經是內資經濟與外資經濟的混合經濟，外資企業也是中國企

業，實施自主創新政策就把外資排斥在中國創新之外了。

研究結論2：中國自主創新政策是改革開放以來最開放的創新政策，不僅不排斥外資，而且最大限度利用外資。

自主創新政策是否排斥外資的問題主要不是一個理論問題，而是一個實踐問題。中國長期以來實行的是外資高於內資的外資超國民待遇政策，包括稅收、信貸方面的長期優惠。隨著WTO過渡期的結束，中國創新政策對外資企業的國民待遇問題提上議事日程，不再對內外資區別對待，而是採取一視同仁的做法，沒有任何排斥、歧視外資的條款。事實更是如此。

首先，外資企業已經深度參與了中國的自主創新。自主創新政策的對立面是對外技術依賴，而不是對外開放。相反，為瞭解決對外技術依賴的問題，更要加大開放力度，最大限度吸引外資參加自主創新。自主創新包括原始創新、集成創新、引進消化吸收再創新三種形式，集成創新、消化創新都與外資密切相關，因此自主創新政策以及各個部門的配套政策，都把最大限度吸引外資參加中國創新作為重要目標。很多外資企業也紛紛表示願意參加中國的自主創新，將其願景、規劃、舉措與中國的經濟社會發展理念融合，比如英特爾提出在華發展戰略目標之一是「不斷推動中國持續發展」；微軟提出的理念是「微軟在中國的研發與創新，是中國整體自主創新很重要的一部分。微軟的創新必然和中國的訊息產業相融合，只有中國訊息產業成功，微軟才有可能成功」；思科公司的理念是「與中國共同成長」。事實上，外資在研發課題層面、研發人才層面、工程科學研究層面、地方建設層面大量參與了中國科技項目，開始向中國轉移全球性、區域性研發中心，研發向基礎研究和核心技術拓展，與中國大學和企業合作研發。

其次，外資在中國重要領域和重要產品占有大部分市場占有率。中國市場對外資企業的開放程度很高的。自中國自主創新政策發布以來，外資在中國市場的占有率沒有受到影響。有關數據表明，外資蔬菜種子、外資及合資製藥企業的產品（含直接進口藥品）在中國內地市場的占有率都超過50%，外資品牌挖掘機市場占有率超過65%，外資品牌轎車、手機的市場占有率超過70%，化妝品、飲料外資品牌市場占有率達80%。至於高端裝備和科學研究儀器設備，外資品牌市場占有率超過80%，甚至達到100%。

在高技術產業，2011年，三資企業數量占35%；研發經費內部支出占36%，新產品產值占64%；新產品銷售收入占66%。高科技領域中的發明專利，絕大多數來自國外，無線電傳輸、移動通信、半導體、西藥、電腦領域來自外國企業（包括外資企業）的分別占93%、91%、85%、69%、60% [7]。隨著中國創新能力的提高，自主品牌產品的市場占有率會有所提高，但這是正常的市場行為，不是自主創新政策對外資的排斥。

再次，外資在中國企業持續獲得高額利潤。為了更多占有全球最龐大的市場，外資對中國投資持續升溫，近年來一直保持高增長率，在中國雇傭的研發人員和其他新員工越來越多。2009年新認定的外商投資的高新技術企業在中國共設立了3300家研發機構，世界500強在中國設立的研發機構已達340家。2010年在中國外資企業盈利比例達到了5年來的新高，有82.5%的受訪企業表示已經實現盈利；已實現盈利和預期在兩年內實現盈利的比例也達歷史新高，上升到94.8%。[8] 這一方面說明，在中國內地的外資企業從兩年前的經濟危機中恢復過來，另一方面說明中國政策包括自主創新政策對外資在中國企業的支持。儘管美國不斷對中國自主創新政策發出責

難，但中國美國商會2011年度《美國企業在中國》白皮書報告，美國企業2010年在中國營運狀況良好，業績已經恢復到國際金融危機爆發前的水平，85%的受訪企業在2010年實現了經營收入增長，78%的企業表示實現盈利或大幅盈利，41%的企業表示在中國利潤率超過全球利潤率，83%的企業2011年增加在中國投資。

三、少數國家為什麼對中國自主創新採取遏制政策

長期以來，美國等少數國家對中國一直採取遏制政策，嚴格限制對中國技術出口特別是高技術出口；對中國企業出口設置貿易技術壁壘和其他「軟壁壘」。1990年代中期以後，中美兩國為促進高技術貿易多次磋商，但實質性措施不多。目前美國是中國最大的貿易夥伴，同時也是世界上技術出口額最多的國家，依然沒有放鬆對中國的技術出口管制。近幾年來，中國企業在海外市場接連受到外國政府的敵視和企業的拆台，由於被認定為帶有國有企業成分，美國國會要求美國政府不得購買聯想產品，德國禁止德國政府購買未經政府批准的中國產品。

既然中國的自主創新政策與全球化的趨勢一致，又是對外資最開放的政策，那麼少數國家為什麼要對中國的自主創新予以遏制呢？

研究結論3：少數先進國家對中國自主創新政策的遏制是國家利益使然，對此不能抱任何幻想。

研究結論4：對中國自主創新政策的遏制將成為常態，而且貫穿創新型國家建設的全過程。有時緊張，有時緩和，其公式可能

是：遏制——合作——再遏制——再合作……無論中國採取什麼態度，都不會使遏制活動停止，直至中國崛起。對此，要採取靈活的策略。

改革開放初期，中國面臨的競爭主要來自發展水平比較接近的國家，以及勞動力成本比中國還便宜的國家。今天，中國實施自主創新戰略和政策，開始從大國向強國崛起，這就必然引起少數先進國家的不安，招致遏制。

少數先進國家的不安來自三個方面：

一是擔心改變國際利潤分配機制和格局。長期以來，先進國家利用技術、專利、標準等優勢占據國際分工的高端，以中國為代表的「物資生產的軀幹國家」被鎖定在產業鏈和價值鏈的低端，利用低廉的勞動力和高投入、高消耗、高排放的生產方式，成為「世界工廠」，利益大部分被西方先進國家拿走了。中國自主創新能力的提高，意味著中國產業鏈高端化，而產業鏈的高端化意味著價值鏈的高端化，而價值鏈的高端化必將改變汙染留在中國、利潤流向西方的利潤分配機制和格局。國際利潤分配機制和格局的改變，使整個世界的財富和福利增加了，提高了中國人民和世界人民的生產、生活水平，是完全合理的、應該的。但就個別國家而言，可能意味著壟斷利潤的減少。作為既得利益者，少數國家必然極力維護現行的國際利潤分配機制和格局，抵制中國自主創新政策。

美國自從超過英國以後，經歷過許多國家的崛起，包括德國、日本、韓國等，對這些國家的崛起，美國沒有感到不安，相反，卻制定專門計劃和動用國際機構大力援助。原因是這種崛起是由美國主導的，鞏固了美國主導的國際利潤分配體系，延展擴大了美國的利益。而中國的崛起則是中國自主創新的結果，將動搖美國主導的

國際利潤分配體系。

二是擔心中國爭奪國際能源、資源。隨著中國經濟的高速發展，特別是成為世界第二大經濟體以後，對石油、水、礦石等能源、資源的需求越來越大，汙染物排放總量維持在較高的水平，這引起美國等少數先進國家的警惕，擔心中國與其爭奪能源和資源，不斷對中國在非洲、拉丁美洲和中東等地的投資、貿易活動，不斷進行政治、經濟干擾。2010年歐巴馬在訪問澳大利亞前接受採訪，在談到中國的迅速發展時說：「如果10多億中國人口也過上與美國和澳大利亞同樣的生活，那將是人類的悲劇和災難，地球根本承受不了，全世界將陷入非常悲慘的境地。美國並不想限制中國的發展，但中國在發展的時候要承擔起國際上的責任。中國人要富裕起來可以，但中國領導人應該想出一個新模式，不要讓地球無法承擔。」

三是擔心中國在國際事務中發揮更大作用。當今的世界，是一極多元結構，一極是美國，國際政治、經濟規則都由它主導制定。在科技上也是美國一國獨大，其實力不僅絕對超過中國等發展中國家，而且也絕對超過其他西方先進國家。其研發經費占世界研發經費的1/3，諾貝爾獎獲得者1/3為其工作，在美求學的留學生58萬人，占世界留學生總數的1/3。中國是個大國，有13億人口，大於整個西方國家的人口總和，這樣一個大國透過自主創新崛起，國際影響和國際的話語權越來越大，勢必動搖美國一國獨大的國際政治格局。這是美國不願意看到也不能允許的。

中國作為發展中的社會主義國家，在文化傳統、價值觀念、意識形態方面與美國等少數先進國家存在差異，中國的國家利益與美國的國家利益既有交集，即共同利益；也有差集，即不同利益。為

了實現美國國家利益最大化，美國希望在「中美國」或G2的模式下發揮中國的作用，即建立美國主導、中國跟隨的政治、經濟模式。

四、自主創新政策是否應該與政府採購政策脫鉤

美國貿易副代表馬蘭提斯在2011年中美戰略和經濟對話前，接受採訪時講了三句話，「自主創新政策架構既不符合中國的利益，也不符合美國的利益」；「結束自主創新政策和政府採購政策的聯繫」；「最好的辦法就是以市場帶動創新。」這是迄今為止對美國想法的最完整、最深刻、最直白的表達。

第一句話，是說自主創新政策不符合美國利益。這在上文已經分析過。

第二句話，是說自主創新政策要與政府採購政策脫鉤。為什麼要堅持脫鉤呢？2009年11月，中國有關部門發布了《關於開展2009年國家自主創新產品認定工作的通知》。該通知要求供貨商在被列入《政府採購自主創新產品目錄》之前必須獲得產品認定，所有申報的產品都要擁有中國的知識產權和自主品牌。2011年，中國在高科技產品採購方面，已對這一規定作了調整，只要求政府採購目錄上的產品符合中國法律法規，申報人擁有或有權在中國使用該產品的知識產權。

根據2009年規定，外資產品如果要納入政府採購清單，有關技術專利和產品商標就必須首先在中國註冊登記，而一些美國公司由於審批程序漫長、註冊後容易泄露技術秘密等原因，不願在中國首先申請專利。它們據此便說中國的規定把外資公司排除在中國政府

採購之外，要求自主創新政策必須與政府採購政策脫鉤。

第三句話，應該用市場的辦法帶動創新。什麼是市場辦法呢，美國人認為透過自主創新產品政府採購的辦法不是市場的辦法，市場的辦法就是由消費者去選擇，而政府只能使用稅收減免等間接手段，資助研發而不是採購產品。其實就是一句話，只要中國市場帶動美國創新，而美國不向中國本土轉移研發和技術。

研究結論5：自主創新政策不能與政府採購政策脫鉤。

首先，自主創新政策與政策採購政策掛鉤是國際慣例。政府採購政策本身並不是為了創新而制定的，其目的是公共投入使用效率最大化，避免腐敗。但是自從政府採購政策發布以後，政府採購政策就與創新政策聯繫在一起，成為拉動本土創新的最有力工具之一。從世界各國政府特別是美國政府的實踐看，透過政府採購保護本土創新是通行做法，就是已加入世界貿易組織和《政府採購協定》的國家也都繼續使用這一手段。而且中國又是發展中國家，尚未加入《政府採購協定》，單獨要求中國自主創新政策與政府採購政策脫鉤違背國際慣例，與全球化趨勢背道而馳。

《購買美國產品法》是美國政府採購政策的核心，也是美國保護本國產業的法律基礎，它的宗旨是「扶持和保護美國工業、美國工人和美國投資資本」。該法於1933頒布，迄今已實施了近80年，雖然經過多次修改，但基本內容沒有變化。根據該法，美國政府採購優先考慮本國企業，採購價格也高於市場價格。2005年美國政府採購額中，向本土企業採購占94%。美國積體電路的第一批產品100%由政府購買，航太航空、電腦、半導體產業的建立都是靠政府採購啟動的市場，矽谷地區和128公路沿線高技術產業群的迅速發展也與政府採購直接相關。美國透過政府採購扶植了IBM、惠

普、德克薩斯儀器公司等一批國際IT業龍頭，尤其是提出很多開創性的政府採購政策，包括訂購、首購政策。

美國政府採購還提高外國產品進入的門檻，如設置「提高技術標準」、「增加檢驗項目」和「技術法規變化」等技術壁壘政策；同時降低國內產品進入的門檻，給予本國供應商報價6%—12%的優惠，即只要國內供應商的報價高於外國企業的幅度不超過上述比例，要優先進行政府採購。《道路運輸效率法》規定政府採購的車輛必須60%以上是美國產品，而且在國內組裝。《聯邦採購條例》規定，政府採購對象必須是在美國本土的廠商或公民的產品及服務，若採購外籍產品，該產品必須是在美國本土生產的、在美國本土的成本支出必須超過總成本的50%。2009年又規定「使用《美國復甦與再投資法案》（ARRA）資金進行的公共建築或公共工程項目的建設、改造、維護與維修項目中所使用的所有鋼鐵和製成品必須產自美國，除非出現以下情形：該規定的實施不符合公共利益；相關產品在美國生產不足、供應不足或質量不符合要求；該規定的實施將導致整個工程的成本上升25%以上」，大幅度提高了對本國企業的保護力度。

美國政府採購政策對中小企業更加優惠。23%的政府採購合約留給小企業，10萬美元以下的小額政府採購合約，只能向小企業邀標；10萬美元以上的政府採購應優先把小企業作為分包採購企業；50萬美元以上的大額政府採購必須有小企業的拆分合約。建立政府與私人投資進行聯合採購的特別基金，有發展前景的小型企業可獲得高達85萬美元的政府採購合約，同時可獲得私人企業最高4倍於政府合約額的採購或投資合約。

其次，自主創新政策與政府採購政策掛鉤是合法行為。政府採

購國貨是中國《政府採購法》規定的,該法第9條、第10條分別規定:「政府採購應當有助於實現國家的經濟和社會發展政策目標」,「政府採購應當採購本國貨物、工程和服務」。中國在加入世貿組織(WTO)時僅承諾開放國內普通商業貿易領域,使國外企業在此領域中享受與國內企業同等的待遇,而在涉及政府採購的貿易領域中,則從未有過類似承諾。政府採購自主創新產品政策是主權國家的法律實踐,外國企業和政府沒有權利要求中國改變本國的法律。

美國《購買美國貨法》要求優先採購本國產品,並對國貨的界定、國貨優先採購及其例外等都做出了明確的規定。美國的指責也沒有國際法根據。

再次,自主創新政策與政府採購脫鉤將導致對本土創新的歧視。自主創新政策與政府採購脫鉤的直接後果,就是優先採購外國企業的產品,而把本土企業排斥在政府採購之外。脫鉤在形式上似乎是平等的,而實際上是不平等的。因為中國是發展中國家,本土企業弱小,其競爭能力大大低於先進國家。如果沒有政府採購政策的支持,本土企業無法與跨國公司競爭。這是市場失靈的領域,需要有力的公共政策。

中國實行自主創新政策以來,雖然強調政府採購向本土企業傾斜,但沒有操作細則,事實上一直沒與政府採購政策掛起鉤來,結果中國的政府採購、企事業單位採購,在主要領域,外資和國外的產品占了大部分,自主品牌產品一直處於邊緣化地位。這實際上是對本土企業的歧視,如果不改變這種局面,政府採購政策就會以自主創新之名,行歧視自主創新之實,淪為跨國公司占領中國市場和獲取超額利潤的工具。

研究結論6：壟斷思維阻礙美國企業創新，也阻礙中國企業創新，必須改變。

由於跨國公司在重要領域和市場上處於獨占地位，為了保持超額壟斷利潤，極力排除競爭，阻止其他創新型企業進入。壟斷破壞了創新的競爭機制，提高了創新成本，後果就是扼殺其他企業的創新。由於缺少競爭壓力和發展動力，也造成壟斷企業本身創新能力下降。

在對待自主創新政策與政府採購政策掛鉤的問題上，一些美國企業和美國政府就採取了壟斷思維。這主要表現在一系列自相矛盾的主張：一方面認為中國沒有把美國企業視為本土企業；另一方面美國企業又不把自己視為中國的本土企業，僅把加工組裝放在中國，而把研發和知識產權留在母國，目前在中國外資企業的研發強度大大低於中國內資企業。一方面大講市場帶動創新；另一方面又害怕市場競爭，對其他企業的創新過度打壓。一方面抱怨中國沒有創新、侵犯知識產權；另一方面又認為中國自主創新威脅了外資的利益，是對外資的歧視。

美國企業要在中國市場獲勝，就必須根據中國自主創新政策的要求調整國際化的戰略和策略，而不是反對中國自主創新政策。

一是與中國企業和全球企業公平競爭。公平競爭是創新的根本動力，壟斷扼殺創新。美國公司必須允許別人創新，把別人創新當成發展的動力而不是阻礙，與中國和全球企業攜手創新，共同建設公平競爭的社會環境。

二是要制定企業創新本土化戰略。大力調整創新結構，積極向中國轉移研發密集業務和向中國轉移、擴散知識產權，提高在中國本土的創新水平，形成強大的國際競爭能力。

三是要與中國自主創新戰略相結合。積極投身於中國發展方式的轉變，在節能減排、平衡發展、改善民生、城鄉一體化、社會建設等重要增長極上尋找創新機遇。

第十章 中國鼓勵創新的政策與全球化趨勢一致性分析

　　對企業、創業投資機構、乃至特定產業創新的支持，國際上通用的政策工具除採用一些科技（創新）計劃、工程、專項外，更多的是運用宏觀調控政策工具，包括稅收、金融、信貸、擔保，政府採購等。中國鼓勵企業自主創新的政策中，也都採用的國際普遍做法。2005年全國科技大會和中長期科技規劃綱要發布後，中國國務院《實施〈國家中長期科學和技術發展規劃綱要（2006—2020年）〉的若干配套政策》中明確提出，要發揮財政資金對激勵企業自主創新的引導作用，加大對企業自主創新投入的所得稅前抵扣力度，加速企業研究開發儀器設備折舊，完善促進高新技術企業發展的稅收政策，支持創業風險投資企業的發展，改善對中小企業科技創新的金融服務等。2012年中國科技創新大會召開和《中共中央中國國務院關於深化科技體制改革加快國家創新體系建設的意見》發布後，發布了一系列鼓勵企業研發創新的政策措施，包括為企業創新提供金融支持，推進企業研發機構建設等方面。

一、中國鼓勵創新的政策措施

（一）透過稅收優惠促進企業加大研發投入

加大對企業研發投入稅前抵扣力度。允許企業按當年實際發生的技術開發費用的150%抵扣當年應納稅所得額。實際發生的技術開發費用當年抵扣不足部分，可按稅法規定在5年內結轉抵扣。企業提取的職工教育經費在計稅工資總額2.5%以內的，可在企業所得稅前扣除。2013年2月，財政部、稅務總局發布中關村、東湖、張江國家自主創新示範區和合蕪蚌自主創新綜合試驗區有關研究開發費用加計扣除試點、職工教育經費稅前扣除試點、股權獎勵個人所得稅試點等政策文件，擴大了相關政策試點範圍。

擴大研發費用加計扣除範圍。《關於企業技術創新有關企業所得稅優惠政策的通知》（財稅〔2006〕88號）明確規定，對財務核算制度健全、實行查帳徵稅的內外資企業、科學研究機構、大專院校等，其研究開發新產品、新技術、新工藝所發生的技術開發費，按規定予以稅前扣除，同時允許再按當年實際發生額的50%在企業所得稅稅前加計扣除。2013年9月，財政部、國家稅務總局發布了《關於研究開發費用稅前加計扣除有關政策問題的通知》，企業從事研發活動發生的在職研發人員五險一金、儀器設備運行維護等費用、樣品樣機等購置費、新藥研製臨床試驗費、研發成果鑒定費等，可納入稅前加計扣除範圍。

允許企業加速研究開發儀器設備折舊。企業用於研究開發的儀器和設備，單位價值在30萬元以下的，可一次或分次攤入管理費，其中達到固定資產標準的應單獨管理，但不提取折舊；單位價值在30萬元以上的，可採取適當縮短固定資產折舊年限或加速折舊的政策。

（二）加大對創新投融資的激勵和支持

在信用擔保方面，2006年，中國國務院辦公廳印發《關於加強

中小企業信用擔保體系建設意見的通知》，對符合條件的中小企業信用擔保機構免徵三年營業稅的優惠政策繼續執行。開展貸款擔保業務的擔保機構，按照不超過當年年末責任餘額的1%的比例以及稅後利潤的一定比例提取風險準備金。風險準備金累計達到其註冊資本金30%以上的，超出部分可轉增資本金。擔保機構實際發生的代償損失，可按照規定在企業所得稅稅前扣除。對主要從事中小企業貸款擔保的擔保機構，擔保費率實行與其運營風險成本掛鉤的辦法。基準擔保費率可按銀行同期貸款利率的50%執行，具體擔保費率可依項目風險程度在基準費率基礎上上下浮動30%—50%，也可經擔保機構監管部門同意後由擔保雙方自主商定。

在科技融資貸款方面，2006年，中國進出口銀行發布《支持高新技術企業發展特別融資帳戶實施細則》，設立支持高新技術企業發展特別融資帳戶，初始規模為50億元人民幣，由進出口銀行發行債券籌集。根據業務發展需要，特別融資帳戶還可以透過進出口銀行發債、接受外部資金委託等方式獲得後續資金。特別融資帳戶採取直接投資和間接投資模式。進出口銀行不僅可以透過直接方式，還可以用該帳戶內資產與外部投資者發起設立新創業風險投資機構，以間接投資方式支持中小企業發展。同年，國家開發銀行也印發《高新技術領域軟貸款實施細則》，規定高新技術項目軟貸款的利率在中國人民銀行規定的同檔次貸款基準利率上準許下浮，利率下浮比率和利率結構安排視項目科技含量和風險控制能力靈活制定，原則上最大下浮幅度不得超過中國人民銀行的規定。軟貸款合約期內的利率調整按照國家和開發銀行的有關規定執行。對列入國家重大科技專項、國家863計劃、國家科技支撐計劃的項目，軟貸款的利率可以在中國人民銀行規定的利率最大下浮幅度基礎上再下浮10%。

在引導科技型企業創業投資方面，2007年，財政部科技部印發《科技型中小企業創業投資引導基金管理暫行辦法》，科技型中小企業創業投資引導基金專項用於引導創業投資機構向初創期科技型中小企業投資。資金來源為中央財政科技型中小企業技術創新基金，以及從所支持的創業投資機構回收的資金和社會捐贈的資金。引導基金的支持對象為：在中華人民共和國境內從事創業投資的創業投資企業、創業投資管理企業、具有投資功能的中小企業服務機構，及初創期科技型中小企業。

（三）支持中小企業創新創業

《關於支持中小企業技術創新若干政策》提出，中小企業技術開發費稅前扣除。中小企業投資建設屬於國家鼓勵發展的內外資項目，其投資總額內進口的自用設備，以及隨設備進口的技術和配套件、備件，免徵關稅和進口環節增值稅。

《財政部 國家稅務總局 關於促進創業投資企業發展有關稅收政策的通知》（財稅〔2007〕31號）提出，創業投資企業採取股權投資方式投資於未上市中小高新技術企業2年以上（含2年），凡符合以下條件的，可按其對中小高新技術企業投資額的70%抵扣該創業投資企業的應納所得稅：①經營範圍符合《辦法》規定，且工商登記為「創業投資有限責任公司」，「創業投資股份有限公司」等專業性創業投資企業。②遵照《辦法》規定的條件和程序完成備案程序，經核實投資運作符合規定。③創業投資企業投資的中小高新技術企業職工人數不超過500人，年銷售額不超過2億元，資產總額不超過2億元。④創業投資企業申請投資抵扣應納所得稅額時，所投資的中小高新技術企業當年用於高新技術企業及其產品研究開發經費須占本企業當年總收入的60%以上（含60%）。

2013年7月,工業和訊息化部印發《關於促進中小企業「專精特新」發展的指導意見》。發展改革委印發《關於加強小微企業融資服務支持小微企業發展的指導意見》。8月,中國國務院辦公廳印發《關於金融支持小微企業發展的實施意見》,加大對小微企業融資服務。9月,銀監會發布《關於進一步做好小微企業金融服務工作的指導意見》,強調小微企業貸款增速不低於各項貸款平均增速,增量不低於上年同期。

(四)對高技術領域創新給予特殊支持

國家發改委、科技部、商務部　知識產權局2007年第6號公告《當前優先發展的高技術產業化重點領域指南》,確定了優先發展的訊息、生物、航空航太、新材料、先進能源、現代農業、先進製造、先進環保和資源綜合利用、海洋十大產業中的130項高技術產業化重點領域,其中訊息20項,生物17項,航空航太6項,新材料24項,先進能源15項,現代農業14項,先進製造18項,先進環保和資源綜合利用10項,海洋6項。重點內容提出了自主創新成果,體現了發展高技術產業、推進產業結構優化升級、建設社會主義新農村、建設資源節約型社會和環境友好型社會的需求。

(五)加大對創新人才股權激勵促進人才國際化

在股權激勵方面,《關於企業實行自主創新激勵分配制度的若干意見》(財企〔2006〕383號)提出,對職務技術成果完成人,企業應當依法支付報酬,並可以給予獎勵。企業在實施公司制改建、增資擴股或者創設新企業的過程中,對職工個人合法擁有的、企業發展需要的知識產權,可以依法吸收為股權(股份)投資,並辦理權屬變更手續。企業實現科技成果轉化,且近3年稅後利潤形成的淨資產增值額占實現轉化前淨資產總額的30%以上的,對關鍵

研發人員可以根據其貢獻大小，按一定價格係數將一定比例的股權（股份）出售給有關人員。

在人才國際化方面，2007年，教育部發布《關於進一步加強引進海外優秀留學人才工作的若干意見》，透過多種渠道和形式發布國內引進海外留學人才需求訊息和有回國意向海外優秀留學人員訊息，搭建網上在線交流、洽談等雙向互動平台，推動國內用人單位與有回國意向海外優秀留學人員的對接。要求實施「211工程」、「985工程」的大學和實施「百人計劃」的科學研究機構應將吸引優秀留學人才回國工作作為工程建設的重要內容，規劃專門經費支持和資助海外優秀留學人才回國工作或以多種形式為國服務。「長江學者獎勵計劃」、「新世紀優秀人才支持計劃」等項目對於優秀留學人才回國工作給予支持和獎勵。實施「大學學科創新引智計劃」（「111計劃」），採取團隊引進、核心人才帶動等多種方式引進海外優秀人才，促進學科發展與人才培養，推動高水平研究型大學建設。實行「春暉計劃」支持海外優秀留學人才短期回國服務，透過合作促成軟著陸，最終實現部分優秀留學人才長期回國工作。「留學回國人員科學研究啟動基金」加大資助力度，擴大受資助人數，縮短評審週期，為優秀留學人才回國後盡快啟動科學研究工作創造條件，促進優秀留學人才在國內紮根和發展。

（六）政府創新採購拉動市場需求

《財政部關於印發〈自主創新產品政府採購評審辦法〉的通知》（財庫〔2007〕30號）提出，在政府採購過程中，採購人應優先購買自主創新產品；採購人採購的產品屬於目錄中品目的，招標採購單位應當合理設定供應商資格要求，在供應商規模、業績、資格和資信等方面可適當降低對自主創新產品供應商的要求，不得排

斥和限制自主創新產品供應商；採用邀請招標方式採購的，應當優先邀請符合相應資格條件的自主創新產品供應商參加投標；採用競爭性談判和詢價方式採購的，應當優先確定自主創新產品供應商參加談判、詢價。

《財政部關於印發〈政府採購進口產品管理辦法〉的通知》（財庫〔2007〕119號），政府採購應當採購本國產品，確需採購進口產品的，實行審核管理；採購人採購進口產品時，應當堅持有利於中國企業自主創新或消化吸收核心技術的原則，優先購買向中國轉讓技術、提供培訓服務及其他補償貿易措施的產品。

二、與國際普遍採用的創新政策比較

（一）中國創新政策工具都是國外通行的做法

1.在稅收政策方面。荷蘭WBSO計劃（研發稅收抵免計劃），透過減少公司所得稅和社會保障稅降低研究人員的成本。美國透過競爭性研發合約直接支持企業研發。法國（2008年）每1美元的研發開支將獲得0.425個單位的稅收減免。西班牙透過補助金、補貼或貸款支持企業研發，2008年每1 美元的研發開支可獲得0.349個單位的稅收減免。

2.在創新投資激勵方面。丹麥從2008年起增加40%對研發與創新的支持，包括建立新的國家創新能力基礎設施、創新網絡和創新券計劃，2009年設立綠色增長基金，支持中小企業「綠色」轉型與發展（2010—2012年1億歐元）。英國提出「新資金計劃」，2.5億英鎊支持低碳投資，為技術戰略委員會提供5000萬英鎊支持先進製造業、低碳技術和生命科學領域的創新研究，為英國貿易投資總署

提供1000萬英鎊促進技術發展。荷蘭推出創新信貸計劃，以滿足高風險創新項目的需求，2009年安排5000萬歐元預算支持10—20個發展項目，地方政府也創建了多個貸款和信貸計劃（如林堡創新基金加速議程等）。

　　3.在支持中小企業創新創業政策方面。德國在其第二套經濟刺激計劃背景下，承諾為中小企業研發提供9億歐元資助，該計劃還擴大到包括1000名員工的大型企業，2009年計劃撥款9.5億歐元給中小企業用於技術研發。2009年，加拿大決定兩年內提供2億加元資助技術型中小企業行動計劃等，聯邦部門和機構將採用由中小企業開發的創新原型產品和應用技術，同時，提供3.5億加拿大元用於擴展風險資本的活動，此外，預留額外的7500萬加拿大元創建新的私營風險資本基金，用於支持處於產業化階段的技術型企業。2009年，「商務信貸資助計劃（BCAP）」針對中小企業提供至少50億加拿大元的資助。2008年，法國「戰略產業創新計劃（ISI）」瞄準有高增長潛力的中小型企業，發展具有突破性的創新，安排15億歐元預算給國家創新與中小企業署（OSEO），作為中小企業的補助金、預付款、擔保和貸款，使OSEO能承擔更高風險。

　　4.對特定產業和技術領域創新給予特殊支持。加拿大「航空航太和國防戰略計劃（SADI）」為航空航太、國防、安全和航太工業等領域科學研究提供每年2.25億加元的有償資助。「加拿大汽車合作夥伴計劃（APC）」五年內（2009年-2014年）將提供1.45億加元支持由產業帶動的合作研發。創建於2008年的「汽車創新基金（AIF）」，總額2.5億加元，用於支持大型研發項目。曾有償捐助福特汽車公司建立柔性發動機裝配工廠（安大略省），以及創建「柴油機與先進動力傳動北美研究中心」（到2012年資助7.3億

元）。2009年，法國「汽車產業緊縮計劃（Pacte Automo-bile）」為汽車製造商提供65億歐元參與貸款。2009年底瑞典創建風險投資公司Fouriertransform AB，資助汽車產業集群中的研發項目。已在安全和環境保護等方面投資3億歐元風險資本。日本「新增長戰略」透過促進創新藥物和醫療與護理技術的發展，促進藥物開發企業致力於解決老齡化社會和長壽的問題。韓國「綠色新政」計劃，四年內對綠色技術研發的總投資將達47億美元。

　　5.在鼓勵創新人才國際化方面。德國鼓勵大學制定國際化策略，透過校長會議提供支持和建議。2008年，聯邦政府推出一項國際化策略，加強與全球領先者的研究合作，加速創新人才的國際開發，提升與發展中國家在教育、研究和發展上的長期合作關係；挖掘德國科學研究創新人才，應對氣候、資源、健康、安全和移民等方面的全球性挑戰。12個被選定的項目分布在環境技術、醫療技術、生命科學、運輸與訊息通信技術領域相關的領域。支持開發高等教育市場，幫助德國大學發展海外教育計劃。德意志學術交流中心（DAAD）2008年制定「透過國際化提高質量」的學術交流指導方針，根據中小企業創新促進計劃（ZIM），德國將向與歐洲之外的國外合作者聯合開發的項目，提供20%的人員費用資助，德國聯邦教研部（BMBF）國際司負責幫助公共研究機構和中小企業發展國際網絡關係。丹麥致力於加強與中國在研究和大學教育方面的合作，具體包括：在中國科學院研究生院建立丹麥大學北京中心，該中心預計運營費用每年0.13億歐元，由中國大學和丹麥大學以及丹麥政府共同承擔。

　　6.透過創新採購拉動對創新產品的市場需求。澳大利亞「產業參與國家框架計劃（AIP）」是支持產業創新、發展和加強競爭能

力並利用投資機會的一項措施。2009年，澳大利亞政府再次宣布一系列措施，擴大和加強該計劃，將其應用於大型聯邦投標（高於2000萬澳大利亞元）和聯邦基礎設施項目。歐盟「領先市場行動計劃（LMI）」確定在電子保健、防護紡織品、可持續建築、生物產品和可再生能源等領域，透過採購、法規和標準的結合，加強領先企業的競爭力。透過《創新規範和標準》，德國聯邦經濟與技術部（BMWi）支持德國標準化協會（DIN）對一些高科技領域中的標準化進行先期系統性確認，這些領域主要是國家高科技戰略領域，如航空航太技術、微系統技術、奈米技術、醫療技術和生物技術等，目的是為了給未來創新提供最優的框架，促進創新市場化。英國目標是使政府採購更有利於創新，採購部門（政府商務辦公室OGC）和創新部門（商務、創新與技能部BIS）為採購者提供了關於如何確保創新被納入採購活動中的可行意見，透過支持制定有利於互換和互操作的技術標準支持生物識別技術需求。美國建立了激勵制度以刺激對先進醫療訊息技術系統的需求，其基礎是兩個大型公共醫療計劃：醫療補助計劃（Medicaid）和醫療保險計劃（Medicare），並制定相關認證標準，證明合格的電子健康記錄可以滿足特定的「有效使用」標準。同時，資助區域推廣中心來協助用戶選擇和實施合格的電子健康記錄系統。

（二）中國創新政策在運用策略上的技巧有待提升

透過中國創新政策與國外創新政策的簡單比較，我們發現，從政策本身及政策重點、支持方式、支持工具上，中國創新政策與國外並無多大差異，但在運用策略性體現出不足。以自主創新產品採購政策為例，隨著2006年中國實施自主創新的國家戰略，中國政府採購制度開始順應自主創新的要求和方向，推動自主創新產品的政

府採購制度的建立。

不同於提供直接研發資助的創新供給政策,政府採購著眼於激發創新產品的市場需求,透過需求拉動激勵本國企業和科學研究院所開展創新活動。政府採購作為引導企業、科學研究機構適應市場、推出新產品,直接將科學研究轉化為生產力的行之有效的政策工具,各國都積極採用政府採購政策扶持本國幼稚產業,有效促進本國企業自主創新。

政府採購制度在美國高技術產業發展中發揮了重要作用。在1950、60年代,美國的航太航空技術、電腦、半導體等高技術產業的建立和發展,基本都是靠政府採購給予第一推動力。美國半導體和電腦工業發展早期,由國防部和國家宇航局出面採購,有效地降低了這些產品早期進入市場的風險。美國在政府採購中還透過「提高技術標準」、「增加檢驗項目」和「技術法規變化」等技術壁壘政策,提高外國高技術革新產品進入的「門檻」,以削弱外國產品的競爭力。美國透過政府採購還扶植了IBM、惠普、德克薩斯儀器公司等一批國際IT業龍頭。美國西部矽谷地區和東部128公路沿線高技術產業群的迅速發展,與聯邦政府的採購政策也密不可分。受美國政府採購扶持高技術產業發展的影響,先進國家紛紛重視利用此類政策鼓勵本國技術創新。英國要求政府部門、國有企業在電腦和通訊器材等方面,必須在本國採購。日本政府明確要求政府部門、國營鐵路、電信電話公司、國立大學以及政府系統有關機構在選購電腦時,必須優先採用國產機。

相對於西方先進國家,中國政府採購制度起步較晚,政府採購創新產品政策功能有限。但也提出優先採購本國產品的要求,2003年1月發布的《政府採購法》第十條規定:政府採購應當採購本國

貨物、工程和服務。

三、與WTO相關規則一致性分析

加入WTO十多年來，中國政府根據加入WTO承諾制定政策措施。2005年全國科技大會召開和中長期科技規劃綱要發布以來，中國國務院及各有關部門按照建設創新型國家目標，共同研究制定了60多項科技規劃綱要配套政策，構成加入WTO以來規模最大的中國創新政策體系。但是，這一系列政策的發布引起一些國家不安，個別國家指摘中國創新政策在國民待遇、補貼、數量限制、國有企業、知識產權等問題方面存在歧視，違反WTO有關規定。對個別國家對中國創新政策的質疑我們需要客觀看待。

（一）關於國民待遇問題

《國家中長期科技規劃綱要配套政策》第22條提出「國家重大建設項目及其他使用財政性資金採購重大技術裝備和產品的項目，有關部門應將承諾採購自主創新產品作為申報條件。在國家和地方投資的重點工程中，國產設備比例一般不得低於總價值的60%」。針對此類的內容，一些國外機構和部門認為，中國關於世貿組織承諾方面，《加入世貿組織工作組報告書》第46段，「國有和國家投資企業的採購應僅依據商業因素進行購買和銷售。中國政府將不直接或間接的影響國有企業或國家投資企業的商業決定」。於是得出結論認為，國家重點工程優先採購自主創新產品，而國有企業或國有投資企業是國家重點工程的主要承擔者，這樣的規定違反了有關承諾。我們分析認為，中國政府採購自主創新產品的政策違反WTO相關規定並不能成立。

WTO有三大原則：最惠國原則，國民待遇原則和非歧視性原則。當前先進國家對中國自主創新政策的指責主要集中在對進口產品的「非國民待遇」上。國民待遇原則要求，給予進口產品的待遇不得低於給予國產品的待遇。該原則在《關稅與貿易總協定》第三條第1款協定描述為「國內稅和其他國內費用，在對進口國或本國產品實施時，不應用來對國內生產提供保護。具體包括，對進口產品徵收的國內稅費，不得高於同類國產品；對於影響產品的國內銷售、代銷、購買、運輸、分銷或使用的法律、法規和規定，給予進口產品的待遇不得低於同類國產品；與產品按特定數量或比例進行混合、加工或使用有關的法律法規，不得要求相關產品的特定部分或比例必須由國內來源供應，也不得在外部供應源之間分配數量或比例」。但第三條第8款有一條補充說明，「本條的規定不適用於有關政府機構採購供政府公用，非商業轉售或非用以生產供商業銷售的物品的管理法令，條例或規定」。因此，政府採購是國民待遇的例外，政府採購可以優先購買本國產品。並且，對公共財政性資金的使用要求，不等於對資金使用主體的要求，公共財政採購屬於政府採購，適用國民待遇例外。就規劃綱要配套政策的相關條文來看，並沒有違反相關承諾。在事實上，進口產品在中國政府採購中已享受了超國民待遇，進口產品在各地政府採購中比例很大。

（二）關於補貼問題

關於國外一直關心的中國財政補貼問題，WTO《補貼與反補貼措施協定》，當政府為受其指示的公共機構提供財政資助並授予利益時構成補貼，具體包括兩大類：①禁止性補貼：禁止給予以出口或進口替代為條件的補貼；②可訴補貼 [9]：對於其他具有專向性的補貼（財政資助和利益僅限於授予某些企業、行業或地區），

如果對其他成員利益造成不利影響（損壞其他成員國國內產業，影響其他成員同類產品進入補貼國或第三國市場，或大幅影響其他成員國同類產品價格或市場占有率），其他成員可以採取反補貼措施或訴諸世貿組織解決爭端。

評判是否構成補貼有三個要素：一是政府或公共機構財政資助，包括：資金轉移（贈款、貸款、投股或擔保）、放棄稅收、提供貨物或服務或購買貨物、委託或指示私營機構履行；二是授予利益；三是專向性，即專門針對一個或一組企業或產業，不屬於專向性的情況是，立法規定獲得補貼資格和補貼數量的客觀標準或條件（中立、屬經濟性質，並水平適用），事實上的專向性是，有限數量的企業使用補貼、給予某些企業不成比例的大量補貼。簡言之，只要該項目對其他成員的利益造成了不利影響（如損害了另一成員的國內產業或對另一成員的利益造成了嚴重侵害——如對其產的同類產品造成了市場取代、市場阻礙等）均可構成可訴補貼。

世貿組織的禁止性補貼主要包括兩類，一是出口補貼，即法律上或事實上視出口實績為唯一條件或多種其他條件之一而給予的補貼。如事實證明補貼的給予雖未在法律上視出口實績而定，而事實上與實際或預期出口或出口收入聯繫在一起將符合此標準。二是進口替代補貼，即視使用國產貨物而非進口貨物的情況為唯一條件或多種其他條件之一而給予的補貼。根據《反補貼協定》第4.7條規定，如果一項補貼措施被世貿組織認定為禁止性補貼，則要求提供此補貼的成員方立刻撤銷該補貼項目。因而，對於中國創新政策要把握兩個原則，一是要避免在政策中直接使用禁止補貼，即避免直接設置出口補貼，同時，儘量避免將補貼限定於特定企業或行業。

（三）關於知識產權問題

《與貿易有關的知識產權協定》第3條「國民待遇」規定在遵守有關公約例外的前提下，成員國給予其他成員國民的待遇不得低於本國國民待遇；第27條「可授予專利的客體」規定專利的獲得和專利權的享受不因發明地點、技術領域、產品是進口還是當地生產而受到歧視。中國在《加入世貿組織工作組報告書》第203段中承諾取消外匯平衡要求、貿易平衡要求、當地含量要求和出口實績要求；進口和投資的分配、許可或權利不以業績要求為條件，也不以研發或其他形式的產業補償為條件；投資許可、進口許可證、配額和關稅配額的給予應不考慮是否存在與之競爭的國內供應商。

《國家中長期科技規劃綱要配套政策》第三十三條規定「對開發目錄中技術和產品的企業在專利申請、標準制定、國際貿易和合作等方面予以支持」。有些人認為，該規定違反了上述關於在知識產權保護上平等對待的規定，和申請專利客體的規定，與中國加入承諾不符。

實際上，正是為了保護知識產權，加大知識產權保護力度，才規定對知識產權申請給予支持，這個知識產權並沒有規定主體特殊性，內外是一致的，並沒有不平等，將知識產權作為認定標準是為更好體現知識產權保護。

（四）關於雙邊承諾問題

在中美戰略與經濟對話和商貿聯委會會議上我們承諾，在政府採購過程中，平等對待內資企業和外資企業的產品。《關於開展2009年國家自主創新產品認定工作的通知》規定了自主創新產品商標初始註冊地和自主知識產權的認定標準。一些質疑認為，認定標準排除了絕大多數外資企業的產品，與中國承諾不符。但從國內企業理解，這是獲得了與外資的政策平等機會，是外資產品在中國近

30年超國民待遇後，中國企業找到了政策上的公平。

註釋

[1].中國成世界研發熱土　吸收外資居發展中國家之首，經濟參考報，2005年09月29日

[2].技術性貿易壁壘漸成貿易保護主義主要手段，2007年10月11日，新華網。

[3].胡一敏：《國外技術性貿易壁壘成企業出口心病》，《經濟參考報》，2008年9月12日。

[4].吳樂珺：《國際視點：化貿易壁壘為創新動力》，《人民日報》，2011年7月21日。

[5].具體的費用徵收方法是：以2004年至2006年三年全球航空公司飛往歐盟境內航班總量產生排放的平均值的97%作為免費額度。這一免費額度被具體分配給全球各航空公司，從2012年起，航空公司排放超過有關額度的，就要到歐盟碳排放交易市場購買碳排放額度。如果額度用不完，亦可以出售。一噸碳排放配額出售價格10至30多歐元，這一價格隨著國際市場價格波動。

[6].楊駿：《航空「碳管制」莫變味成「收買路錢」》，《新華網》，2011年5月17日。

[7].《路甬祥向人大常委會會議報告專利法實施檢查情況》，新華社，2006年6月28日。

[8].王攀：《美國商會：在中國外資企業集體「投奔」中國內需市場》，新華網，2011年3月1日。

[9].世貿組織規定的補貼類型，不可訴補貼已經於1999年到期，意味著只要是補貼都是可訴的。

第四部分 新興創新政策工具

第十一章 國外創新政策啟示

一、英國企業創新政策的特點和對中國的啟示

英國擁有實力雄厚的科學研究基礎和高效率的創新系統，為保持其優勢地位，從戰略到政策，政府做出了推動企業創新的具體部署。英國的企業創新政策具有鮮明的特點，諸多方面值得借鑑。

（一）英國企業創新政策的戰略目標

英國在許多技術領域都有出類拔萃的表現，在一些前沿技術領域掌握著核心技術，政府的目標是使英國成為世界上最有創新精神的國家，最適宜創立、培育企業的地方，並幫助企業在全球競爭中保持領先優勢。

1.「向上競爭」（Race to the Top）

所謂向上競爭，就是透過科學、技術的創新將英國產業改造成提供高價值產品和服務的知識密集型產業，使英國經濟形成持久的、世界範圍內的領先優勢。

英國向上競爭的目標是在全球競爭中形成的戰略。發展中國家憑藉勞動力資源優勢，透過降低勞動力成本獲得市場占有率，最終結果是競爭不斷向下，被鎖定在價值鏈低端。面對這種態勢，英國採取「揚長避短」的策略，避免陷入勞動力成本不斷下降的競爭，轉向透過優勢生產要素「向上競爭」。英國在利用新市場方面居於

有利位置，擁有靈活的勞動力市場，卓越的科學發現基礎、高水平的大學畢業生、開放的經濟體以及國際視野 [1]。英國對以下領域進行投資，如創新、教育、科技基礎設施等。近年來，高技術製造業和知識密集型服務業在國民生產總值中的占比快速增長。

「向上競爭」也是國際化戰略，政府推動企業在全球範圍內參與競爭合作，鼓勵本國企業參與國際科技合作，鼓勵創新企業到國外發展，提供資金支持吸引外國的企業研發中心進入英國。在英國開展業務的外國公司，也能享受英國政府對創新工作的政策支持，可以申請研發資助，如研發稅收減免和補貼規定、尤里卡計劃、聯繫計劃、預測計劃、歐盟研究與技術開發框架項目、研發撥款、調查與創新撥款等。英國貿易投資總署（UKTI）正在為金融服務、資訊通訊技術、生命科學、創意產業與能源產業制定以企業為主導的、針對海外客戶和潛在投資者的英國營銷戰略。

2.經濟「再平衡」

未來將是一種製造業和服務業互相促進的混合和平衡的經濟，現代製造業處於新技術、產品和工作方式的前端。製造業與服務業平衡融合發展，相得益彰，才能全面推動英國重返世界經濟領先者的卓越地位。2007年國際金融危機發生後，無論在經濟還是環境方面，英國急需建立一個平衡、可持續發展的增長模式以應對長期挑戰。基於經濟「再平衡」的目標，英國將復興製造業作為政策關注的一個重點。最近英國國家科技藝術基金會（NESTA）在一份報告中指出，為了讓製造業占經濟的比率到2020年回升至1990年代末15%的水平，製造業必須實現歷史上年均6.2%的高增長 [2]。

英國發展的製造業不是簡單的加工製造，而是製造業與服務業融合的高端製造。第一種方式是「產品＋服務」的模式，製造業產

生的附加值包含一大部分服務收入，製造和服務形成聯合價值，例如，一些飛機製造商以「按飛行小時包修」的形式銷售引擎，引擎的資金成本透過服務的運營成本形式得到補貼，而不是分開單獨支付。第二種方式是分布式製造。這種模式允許產品在同一個地點利用軟體設計出來，然後再轉移到若干不同地點進行生產，根據需求變化本地生產設施快速重新裝配，實現產品定制化生產。

英國在創意[3]產業中居於世界領先地位，如建築、時尚、產品設計、廣告、表演藝術、遊戲軟體，以及電影及廣播等諸多行業，英國的從業者和企業都是世界一流的。創意產業等服務業領域與製造業具有不可分割的聯繫。產品設計的建立是為了服務於英國製造業。如果製造業消失，與之相聯繫的設計能力也會逐漸消失，服務業發展也就失去了根基。如果服務業與製造業脫節，那麼英國服務業，特別是創意產業的巨大「產能」就無法投射到製造業。

3.聯繫與催化

成功的創新需要產業界、研究界和政府採取更長遠的視角和更合作的方式。英國政府發揮著「聯繫」和「催化」的作用，推動產業界—研究界合作和創新成果的商業化。聯繫主要依託項目計劃加強產業界和研究界的合作，促進知識轉移；催化主要是在企業的新思想新觀念產生之後，進入市場完全商業化之前的這段時期，政府幫助企業克服困難，找準方向，加快創新的腳步。

聯繫主要是透過項目計劃，協調研究界—產業界的溝通與合作，提升產業界獲得新知識和新思想的機會。英國商業、創新與技能部（BIS）開展了多個項目計劃。主要透過三類項目推動：一是鼓勵合作研究的聯繫（LINK）計劃。在英國政府確定的優先發展的高新技術領域，資助大學與企業合作，重點面向大企業。1990年

代以來，英國政府將聯繫計劃擴展為「聯繫—挑戰」計劃、「聯繫—預測」計劃和「聯繫—獎勵」計劃。二是知識轉移合作夥伴計劃（KTP）。由教研公司（TCS）項目和院校與企業界的合作夥伴計劃兩個項目合併而成。三是法拉第夥伴項目。主要透過英國中介機構將科學、工程和技術基礎領域研究機構與產業界密切地聯繫在一起交流互動，實現創新和技術擴散。法拉第合作夥伴計劃切實地為企業和研究機構之間搭建了一個合作研究的平台，使知識的獲取和新技術的開發有機地結合在一起，成為英國產學研合作的主要模式。

在創新的道路上充滿迂迴、障礙，創新有多個可能的「出入口」，政府用一系列的政策手段催化創新，縮短從新思想到市場實現的時間和距離，包括扶持早期階段的小企業，建立技術創新中心服務網、增強知識交換和開放創新。有些政策降低了創新的風險，有些政策形成了新的供應鏈。

（二）英國企業創新政策的基本原則

透過對英國創新政策分析發現，公平性、間接性和簡明性是一以貫之的原則。

1.公平性

英國政府主要從橫向和縱向兩個方面介入創新活動，橫向推動指的是面向所有企業，透過提供創新所需的基礎設施和基礎技術（包括測試、標準等）；縱向措施是在市場失靈的地方實施政策調控，恢復市場的公平競爭。英國政府的目標是讓所有企業都能享有平等的機會開展創新活動，享有均等的社會公共服務。對落後地區和較貧窮的人群，政府專門制定了相應的政策予以特殊支持，針對不同種族、性別、年齡、殘障、信仰等人群，英國制定了更寬泛的

公共事業目標，以彌補短處。

支持中小企業創新是公平性的重要體現。全英國企業總數400萬個，按歐盟中小企業標準，雇員少於250人，年營業額不超過5000萬歐元或資產少於4300萬歐元屬於中小企業，中小企業占全部企業的99%，雇用現有勞動力人口的一半以上。按照企業規模和開展研發項目的類別，英國政府對中小企業科技創新可給予以下四類資助：一是對微型企業的小型開發項目的資助。雇員數少於10人的微型企業，實施期限在12個月以內的低成本開發項目，最多可給予2萬英鎊的資助。二是創新型研究項目資助。對於雇員數少於50人的企業，實施期限在6至18個月的創新型研究項目，最多可給予7.5萬英鎊的資助。三是創新型開發項目資助。對於雇員數少於250人的企業為某一具有創新性的產品或流程進行的開發項目，最多可給予20萬英鎊的資助。四是中小企業開展的重大科學研究項目的資助。對於雇員數少於250人的企業開展對行業有戰略意義和廣泛經濟效益的重大科學研究項目，最多可給予50萬英鎊的資助。

以稅收減免方式給予私營企業補貼。所有在英企業研發投入超過1萬英鎊，均可享受稅收減免，對中小企業制定了更為優惠的稅收減免標準。研發稅收減免計劃允許企業在計算應稅利潤時，大企業可以扣除125%，中小企業可以扣除150%。

2.間接性

對創新活動的直接資助中，除了在創新基礎設施方面保證科學研究的穩定資助和對中小企業的創新活動給予少量資助之外，大多數創新政策都是綜合利用財政稅收及金融等手段，對企業創新活動給予間接性的支持。政府的直接投入也是以間接刺激為目標，其最大效應是造成一個槓桿作用，而不是單純的資金分配。間接性政策

主要包括研發稅收減免、風險投資、融資擔保以及公共採購等。其中，研發稅收減免是英國政府激勵企業創新政策的旗幟。自從2000年實施研發稅額減免以來，已經完成了3萬多項抵扣，成功給予英國的創新企業23億英鎊的支持[4]。目前，透過研發稅收減免政策，每年能夠給企業大約10億英鎊的支持。

3.簡明性

2009年英國一項調查中，超過60%的企業認為政府的管理是一種阻礙。因此，政府從企業的需求出發，將管理部門的要求簡化和合理化，全力壓縮管理成本，廢除不必要的法律，改變政府管理文化。政府要致力於實現最優管理，是指不會給企業或消費者帶來額外的成本或負擔的管理，具備五項特徵：相稱、負責、一致、易懂、定向。消除或簡化現有阻礙增長的管制規則，減少新管制規則的總量，提高現有新規則的質量。政府發布規則必須符合三個條件：第一，能夠證明可替代的方式，如自我管制、無管制不能實現更滿意的結果；第二，要用成本收益分析證明，在何處管制方法優於自我管制或無管制方法；第三，管制能被證明是適當的、可解釋的、始終一致的、透明的和有針對性的，還要說明管制和實施管制框架能夠在何處實施。

從2010年秋季開始，政府部門採取了「進一個，出一個」（one in，one out，簡稱OIOO）的控制機制，即各部大臣在採用一項新的規章之前，必須證明已經廢除了一項規章。新政策問題出現時，調整部門管理規則之前，要通篇考慮管理的各項可選擇方式。建立了最優管理執行委員會（BRE）和減少管制委員會（RRC），從戰略上監督政府管理框架實施，審查、質疑和批准所有的新規制提案。若要「進來」，政府先啟動「後果評估程序」，由獨立的

「調整政策委員會」從外部進行成本收益審查，評估規則給企業帶來的淨成本，得到調整政策委員會認可後，然後找出一項可廢止的規則（「出去」），以降低管制的總成本。增加企業或社團組織管制負擔的立法提案和2011年4月之後生效的立法提案，現在必須附有替換說明，這些提案要進來的話，可以替代哪些可「出去」的規則。這樣，使政府謹慎發布管制規則，而儘可能採取非管制的方式實現政策目標。

有些不必要、過於複雜的監管可能扼殺企業，特別是小企業，更容易受到管理負擔的影響，因此英國政府特別針對小企業設計了簡化管理的計劃。首先，政府引入新的部門監管預算制度；其次，引入與小企業政策相一致的新監管方案，檢驗小企業是否能從新的監管中豁免，或適用簡化程序；如果可能，政府應與小企業合作，為小企業設計特定的方案；第三，提高企業對官方監管的信賴程度，從而降低執行中的摩擦成本。

這種簡化監管的方式造成了良好的效果。2011年1月至6月，提議新增規則的數量降低了70%（從157項降低到46項）。在這46項提案中，只有11項增加了企業執行監管政策的淨成本[5]。「進來」的新增規章有8項，待規制政策委員會確認的新增規章有3項，26項給企業帶來的淨成本為零。用「出去」替換的規章有9項。每年因「進來」規章而給企業增加總直接成本為0.65億英鎊，因「出去」規章給企業節約的總直接成本為32.72億英鎊，每年給企業減輕負擔總額為32.07億英鎊[6]。

（三）近期英國企業創新政策的特點

1.注重促進企業創新的框架政策（framework policy）

英國形成了開放、自由、公平的市場框架，政府部門的職責就

是確保市場在清晰規則下高效運轉，幫助企業和公眾應對全球性挑戰。政府努力將英國的公司法、公司治理機制保持在世界最好的水平，公平、現代、有效的公司法律體系有利於提升投資和就業條件，使企業有信心開展創新活動。政府注重促進企業創新政策的框架穩定，企業只要遵循基本原則，執行政策即可。框架政策嚴密而規範，不會對創新的專門政策產生效應抵消，追求創新符合企業的利益。根據英國商業、創新與技能部知識與創新司副司長John Dodds的判斷，「如果政府不發揮作用，90%的企業創新還是會發生。」在整個國家的創新活動中，企業發揮著絕對主導的作用，而政府提供了良好穩定的機制和外部條件，即使政府不積極鼓勵創新，企業的創新活動依然會進行。這說明英國促進創新的機制成熟、穩定，構成了創新的「硬條件」。

2.透過消費者需求拉動創新

「在舊工業模式中，世界被分為生產者和消費者，但我們現在正在看到合作創造的案例，創新日益出現在收銀機的兩邊。」英國在高價值製造和服務領域具有強大的比較優勢，這兩個領域變革的主要推動力都來自消費者的需求。一些部門正在進行有價值的用戶驅動的研發。英國國防部、衛生部和能源技術研究所都有這樣的例子。

政府在制定戰略、政策時，以需求為主導。技術戰略委員會[7]提出創新戰略的四大目標之一是「確保今天的新興技術成為明天的增長部門」，首先考慮的是有無需求，有無市場，然後才是技術領域選擇。選擇技術領域時，技術的先進性不是首要標準，首要標準是具有增長點，但一定是將來能夠滿足市場需求，推動經濟實現增長的技術。

3.支持金融機構為中小企業融資

為了使更多企業能獲得便捷的融資渠道,英國政府採取了以下措施:

一是為企業提供融資擔保。英國政府在2009年1月發起了一項企業融資擔保計劃(EFG),為那些沒有足夠抵押品獲得商業貸款的中小企業提供融資擔保,符合條件的中小企業為年營業額在2500萬英鎊以上,申請貸款額度為1000英鎊至100萬英鎊。EFG與主要銀行合作,這些主要銀行的業務範圍涵蓋了97%的中小企業。到2011年3月透過EFG為小企業提供銀行擔保貸款額度將達到7億英鎊。

二是社區投資稅額減免(CITR)。這是英國財政部、稅務局和企業委員會聯合推出的項目,對個人或法人組織投資於社區發展金融機構的資金進行稅收減免,具體辦法是在投資的當年及之後4年內每年減稅5%。社區發展金融機構再為符合條件的企業、社團法人或公共工程提供資金。

三是解決延遲付款。政府在1998年引入了延遲付款商貸利息法案,逾期未支付的貨款,雇員為50人及以下的小企業有權要求得到商貸利息作為補償。2002年8月起該法案適用於所有企業和公共部門。商業、創新與技能部發起了一項新的立即付款規章,其關鍵內容包括鼓勵企業按時給供應商付款,給供應商明確的指導;鼓勵供應鏈的最佳實踐。商業、創新與技能部還與信貸管理協會、主要企業與金融機構合作,開展了一系列現金流管理指導活動,保證每個企業都有機會獲得最好的指導和支持。

4.降低風險,提升資本市場的有效性

英國具有在歐洲領先的風險資本市場,規模大、發展程度比較

完善，約占整個歐洲風險資本投資市場的1/3，僅次於美國位列世界第二。過去的十幾年中，在風險資本的支持下，誕生了許多世界級的高技術企業。在風險資本市場失效的領域，政府提供了一系列的支持。比較突出的幾個工具是風險資本信託計劃、企業資本基金、母基金。政府分擔風險的方式有所不同，對風險資本信託計劃政府提供稅收優惠，企業資本基金和母基金，主要是政府為之提供匹配的資助金。

風險資本信託計劃是引導資金流向初創企業的一項有效工具。該計劃自1995年開始實施，目的是讓個人購買風險資本信託公司的股份，從而給小型高風險企業直接投資。政府給予風險資本信託計劃一系列的稅收優惠，提高了投資者的收益，降低了投資於小公司的風險。金融危機發生以後，小的投資者對高風險投資更加警覺，投資逐漸從高技術向規避風險的領域轉移。

2005年7月發布了企業資本基金計劃（ECF）。這一基金主要是為成長型中小企業提供合適的風險投資，其具體做法是，政府可為有資格的中小企業提供25萬—200萬英鎊，作為企業的股本金，以帶動私有基金和其他資金的投入。公司壯大後，應優先向政府償還企業資本基金，並支付利息和部分盈利。至今已設立了9項企業資本基金，政府和私人部門共同投資，以彌補中小企業在資金獲取中市場失靈的鴻溝，消除資金獲取中的障礙，使中小企業獲得平等的融資機會。

2001年，原貿工部成立了英國高技術基金，目前仍在運行週期中。它是一個世界聞名的政府支持的母基金——「基金之基金」，不直接投資於項目，而是參與發起創立新的專業性投資機構，間接支持符合條件的項目。高技術基金由英國政府和私人投資機構共同

出資成立，主要用於鼓勵高技術風險資本投資，政府作為奠基石投資人，投入2000萬英鎊，帶動機構投資者投資額達到1億英鎊。這項基金每年內部收益率要達到10%，如果所得少於這個數值，貿工部就要追加2000萬英鎊，這樣大大降低了私人投資者的壓力。該基金必須投資於英國的高技術企業，支持其早期階段的發展。

5.政府採購創新產品和創新服務

英國政府每年用於採購的支出占GDP的12%以上，約2200億英鎊。其中超過55%用於採購訊息技術系統及服務。新產品和服務的需求對促進創新活動非常關鍵。政府積極推進改革以提高採購能力。

第一，提高中小企業獲得採購的機會。2001年啟動的「小企業研究首創計劃」（SBRI），試圖借鑒美國經驗，將政府研發經費的2.5%用於中小企業，規定政府訂購的25%的合約應給予中小企業；在2010年6月的預算中宣布，更大限度提高採購的透明度，小企業可在網上免費投標於中央政府的採購。在公共部門簡化了政府採購的程序，將低於歐盟門檻條件的較低價值合約的資格預審調查表標準化以方便中小企業，並進一步提高特別採購的競爭性和專業性。2010年9月建立了一個新的網站，在網站上公布所有價值超過1萬英鎊的中央政府招標文件，企業可以自由獲取，並便捷地在網上進行投標。目前進行了調整，只有2萬英鎊以上的合約才可以網上投標。此外，2006年3月發起的一個專門提供低價值（特別是低於10萬英鎊）公共部門採購入口機會的網站，為所有企業，特別是中小企業，提供低價合約的機會。

第二，推動對創新過程的採購。實行「未來承諾採購試點計劃」（Forward Commitment P rocurement，FCP），政府向市場通告

採購需求並提供購買方案，如果有滿足需求的供給，政府就以議定的價格和條件採購。透過這種採購，給潛在的供應商確切的需求訊息，以及公共部門和私人部門未來的需求訊息，為以創新為導向的企業提供新的商業機會。這種採購的特點是，用採購創新產品來引導整個創新過程，「預訂」創新過程，用「後付費」的方式實現創新產品的採購。這樣做的結果是幫助公眾更好地解決問題，享用最新最好的創新成果，同時支持企業從事創新活動。

（四）英國企業創新政策的啟示

1.創新政策要有明確的戰略目標

英國創新政策的戰略目標是「向上的競爭」、經濟「再平衡」、「聯繫」與「催化」。對於中國來說，自主創新政策也要確定明晰的戰略目標，特別是要把改造傳統產業、解決資源環境瓶頸問題、培育新興產業、城鄉一體化發展作為戰略目標，促進經濟發展方式轉變。根據戰略目標制定具體的創新政策，有針對性地採取公共採購、間接調控、供應鏈管理、資助或提供貸款、產權激勵等政策工具。

2.政府支持金融機構產品創新

英國具有先進的商業金融，近年來，政府商業金融的支持力度加大，特別是採取一系列市場化的政策支持金融機構產品創新。這是值得我們借鑑的。在企業特別是中小企業融資方面，針對商業性金融機構對企業創新活動的投資，中國政府也應發布稅收優惠政策；還應以政府資金為槓桿帶動風險基金發展。

3.降低企業創新的政策成本

英國注重獨立機構的審查和評估。如「進一個、出一個」的管

制規則，政策效應由獨立的調整政策委員會進行成本收益審查，較為客觀公正地給出政策建議。而且，「要進一個，必須先出一個」的嚴格的監管政策框架，對降低「服從」成本、保證政策的合理有效，具有十分重要的意義。在中國，規章制度出自各個部門，比較分散，缺乏系統性協調性，有些政策規章互相矛盾，很多政策規章沒有常規退出機制，該廢止的沒有廢止。可借鑑英國「進一個，出一個」的監管原則進行適當調整，與已有政策及國外政策進行對比，保持政策的連續性，避免與世貿組織規則相衝突。將創新領域的專門政策進行整合，政策之間在保持各自側重的同時，避免多餘和重疊。

4.創新政府採購的方式方法

作為一種促進創新的手段，政府採購也在英國得到了充分的應用。政府是英國最大的消費者，每年約2200億英鎊的公共採購是英國經濟的重要組成部分，是創新的重要刺激因素之一。

在創新政策中，政府採購的作用是不可或缺的。可以借鑑英國的做法，以兼容WTO規則的方式利用政府採購促進創新活動。首先，創新採購方式，設置採購對象的准入條件，以創新型小企業為採購重點對象，英國的SBRI計劃就是政府以向創新型中小企業提供R & D合約的形式引導創新。其次，以創新過程或產品為對象進行採購。英國預訂創新過程，採購創新產品的做法值得嘗試。而且這種採購主要以滿足公眾需求的名義，目的是使公眾更好地獲得和享受創新成果，促進企業創新只是「副產品」。

二、英國「遠期約定採購」政策的探索

遠期約定採購（Forward Commitment Procurement，FCP）是英國商業、創新和技能部（Department for Business，Innovation and Skills，BIS）針對公共部門設計推出的一種政府創新採購方法[8]。該方法由環境創新諮詢小組（EIAG）[9]於2005年首先提出，後與英國商務辦公室（Office of Government Commerce，OGC）聯合實踐完善。其主要內容是：政府採購部門向市場發布未來需求，包括技術規格、產品性能和採購規模等，與響應的供應商等企業事先溝通協商，在企業提交的創新解決方案基礎上，政企雙方簽訂創新採購合約；當創新產品性能在合約約定的框架內滿足採購需求時，政府部門須按約定的規模和價格採購創新產品。一旦創新產品推向市場，產品的價格將由市場供求力量決定。

英國「可持續採購行動計劃」於2006年採用了遠期約定採購模式，英國商業、創新和技能部（BIS）於2008年啟動了「創新促進可持續競爭」計劃，為公共機構遠期約定採購搭建實踐交流平台，推動遠期約定採購的應用。

（一）遠期約定採購政策的發布背景

1.研發政策對創新推動乏力

EIAG調研發現，許多英國企業總是先專注於創意和發明，然後再去找市場，提出商業化方案。這個過程需要極高的技巧和豐富的經驗，不乏成功案例，但在實證統計上失敗率較高。在研發政策推動下，英國環境科學領域基礎研究成果世界領先，科技論文數量和引文量在全球範圍內僅次於美國（某些子學科甚至超越美國），但是2001年英國在全球環保技術和服務市場占有率不到5%，遠低於美國，甚至落後於日本、德國和法國。EIAG認為，單憑傳統的供給側政策工具，如對基礎研究進行資助、對企業研發活動的稅收

減免和補貼等,並不能充分推動創新產品的市場化[10]。

2.市場需求對創新的拉動失靈

雖然先進的基礎研究可以產生許多原型產品(prototype prod-ucts),但廣大消費者並不能明確地知道和表達自己的具體需求,人們對新產品往住有一個模糊的嚮往,而且支離破碎,無法形成確切的技術規格和產品性能要求。由於市場缺乏「可靠且表達清晰」的需求(credible articulated demand),並且存在未來銷售的不確定性,英國環保服務企業不願投資高風險的試生產和規模擴大階段,致使許多創新終止或新產品進入市場緩慢,造成創新的市場失靈。

3.傳統公共採購不能有效捕捉創新

傳統的公共採購是政府的一項重要經濟活動,但卻不能有效捕捉創新。傳統的公共採購主要是以加強財政支出管理、規範政府採購行為、提高資金使用效率等為目的,但政府部門不是經營實體,沒有經濟驅動力,不僅無法明晰自己對創新的需求,而且更傾向於規避風險,從而造成傳統政府採購與企業創新過程相脫節。結果越是在企業需要政府進入的階段,政府支持的力度反而越小(見圖1)。

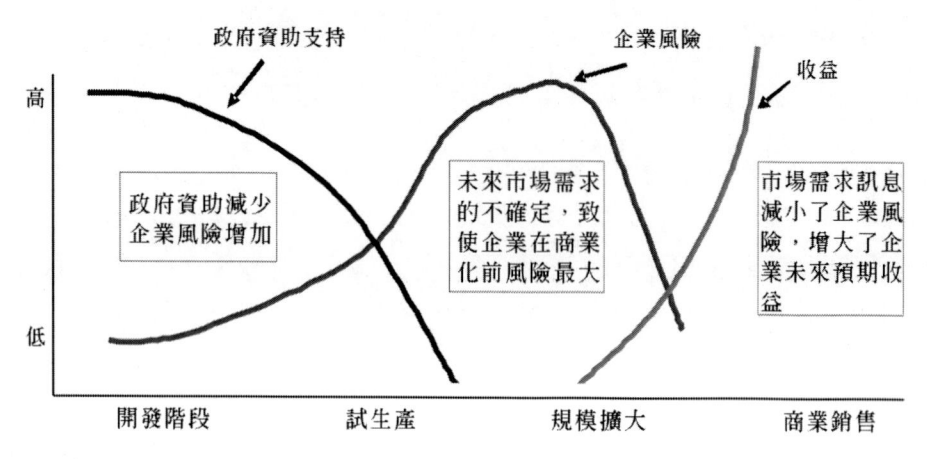

圖1 企業創新風險與政府支持力度示意圖 [11]

英國商務辦公室（OGC）在2004年《捕捉創新：在公共部門培育供應商思想》的報告中建議，公共部門應從工業界中吸取思想，透過公共採購政策工具的創新，激發企業投資創新，提高公共採購的社會效益 [12]。

（二）遠期約定採購的政策基礎

1.基本思想

1）公共採購部門成為創新的智慧採購者（intelligent procurer）

首先是採購部門能夠明晰未滿足的創新採購需求，並以技術中立性的語言描述市場上還不存在的創新解決方案。為了明確創新產品的性能、成本和質量，公共部門還需與外部知識網絡保持密切聯繫。其次，公共採購部門要建立與潛在供應商的雙向溝通機制，減少溝通過程中的訊息不對稱，並向市場表明公共部門採購創新產品的決心和意願。透過預先告知需求的方式，公共採購從購買市場現有產品的方式轉向預訂創新過程。再次，政府部門透過對創新過程和創新結果的打包採購成為創新產品的先導用戶，形成巨大的市場

早期需求，驗證新產品和服務的市場價值，促進並建立創新產品的技術標準。

2）公共採購部門成為智慧的供應鏈管理者

所謂供應鏈管理，就是指在滿足一定服務水平的條件下，為使整個供應系統成本最小化，而把供應商、製造商、分銷商，零售商，直到最終用戶組織成一個整體網鏈，進行統籌計劃、協調運作，從而實現系統最優化的過程。供應鏈管理的重點是成本、效率和系統，其目標是將顧客所需的正確的產品（Right Product）能夠在正確的時間（Right Time）、按照正確的數量（Right Quantity）、正確的質量（Right Quality）和正確的狀態（Right Status）送到正確的地點（Right Place）。創新過程也是一個鏈條，公共採購部門應該借鑑供應鏈管理方法，整合創新資源，進行智慧管理。創新鏈主要由以下五個環節組成：創意設計、研究開發、規模生產、市場營銷、售後服務。在創意設計階段，政府就應該識別自身的創新需求、向市場提供未來需求訊息，其後要尋找潛在的供應商，並和供應商等參與主體一起形成創新採購約定。同時把孵化器、公共研發平台和風險投資政策工具組合起來，共同推動企業技術創新。在這個過程中，政府採購引導企業建立創新網鏈，實現效益和效率的最優化。

2.實施條件

遠期約定採購是透過未滿足的需求推動創新，所以實施FCP的首要條件是公共部門有未滿足的需求並足以形成規模效應；其次要有相應的採購預算；還要有足夠的時間用於市場提出創新解決方案和激發創新產品生產；最後，要有創新思維的專業採購人員，以及採購部門與政策制定部門、利益相關者的密切聯繫等。

3.參與主體

遠期約定採購的購買方主要是英國的各級政府採購部門,他們成立FCP項目管理小組向社會發布採購需求訊息。FCP項目管理小組具備項目管理能力和複雜合約談判能力等,項目管理組長由具有豐富項目管理經驗和對FCP思想有透徹理解的人員擔任,小組成員包括採購預算擁有者、與項目有關的政策制定者、採購專家和關鍵利益相關者,並保證在FCP項目實施各階段有採購專家指導。任何企業均可自由響應遠期約定採購公告。在市場參與階段,採購方按照歐盟採購指令和歐盟採購協議的公正、公平對待和透明性原則,不排斥其他成員國企業提供創新解決方案,並將所有參與的企業視為一個整體,無論企業大小,均不進行篩選和評價,以加強供應商對於需求反饋的積極性。同時,採購方也會創造條件方便供應商之間自發組織項目聯盟以應對政府採購的創新挑戰。

(三)遠期約定採購的基本流程

儘管每個遠期約定採購示範項目的具體內容都不盡相同,但大體經歷三個階段,即需求識別——市場參與——招標採購(見圖2)[13]。

1.需求識別

採購部門需要首先識別未滿足的需求。需求有各種來源,如新的政策、立法、預算變更或業務需求等,通常以待解決的問題或擬實現的政策目標等形式出現。需求識別需要採購專家、業務人員、政策領導和關鍵利益相關者共同參與,從組織政策目標、組織近期具體目標,組織遠景,未來的計劃投資、重大合約等方面評估哪些真實需求可以透過遠期約定採購實現。

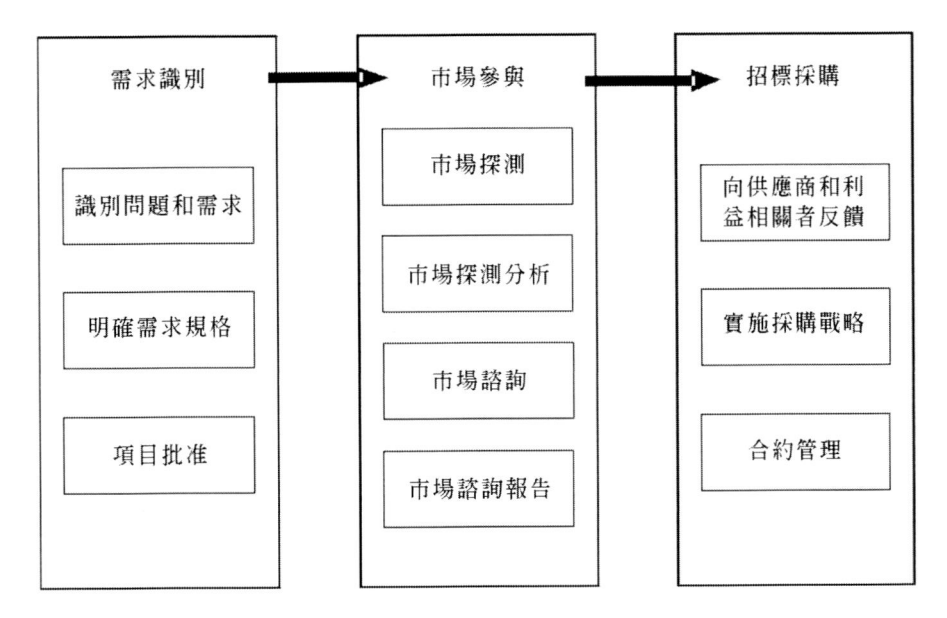

圖2 遠期約定採購實施過程示意圖

　　需求確立後要以技術中立的方式表述，即描述「成果導向規格（Outcome Based Specification）」而不進行具體的技術細節描述。例如，對於「電動汽車」以技術中立描述更可能是「低碳零排放汽車」，以便於創新者充分展示解決方案。

　　2.市場參與（Market Engagement）

　　「市場參與」過程可以使公共部門在與供應商的溝通過程中獲得市場整體創新能力的認知，並細化和精煉需求，這一過程大約需要 10—12 個月。一般情況下，市場參與包括市場探測（Market Sounding）和市場諮詢（Market Consultation）兩個階段。

　　1）市場探測（Market Sounding）

　　市場探測相當於早期供應商參與，即採購部門向市場明確提出需求訊息並評估市場反應的過程，它把所有供應商視作一個市場主

體，而不涉及供應商的選擇或評價[14]。這一階段包括準備市場探測章程（Market Sounding Prospectus）、設計響應表（Response Form）、制定溝通計劃和市場探測分析。其中，制定溝通計劃包含選擇高效的中介機構、創建供求雙方溝通渠道和發布FCP項目招標公告和響應表等；市場探測分析從成熟度、可行性、競爭性、整體產能、協作性和傳統認知六個方面考察所有響應供應商的整體實力，並公布響應企業的名錄（企業可選擇是否公布），促進供應商之間的內部聯繫。市場探測階段結束後，採購小組需要與供應商進一步討論更為詳細的要求和解決方案，於是進入市場諮詢階段。

2）市場諮詢（Market Consultation）

雖然「響應表」已積累了豐富訊息，但公共部門與供應商缺少必要的直接聯繫，市場諮詢便成為市場探測的有益補充。這一階段採購小組將與供應商及利益相關者商討更多細節，例如採購需求、採購時間、潛在障礙等。在FCP示範項目中，一般由企業聯盟（如Intellect和KTNs等）組織供應商召開市場諮詢會，採購小組與領域專家一同討論可能的解決方案。監管機構、行業組織和其他利益相關者（如有相似需求的公共部門）也會參會。市場諮詢報告向所有參與市場探測活動的供應商發布。

3.招標採購解決方案

經過市場諮詢階段，採購小組對於市場整體供應能力、可利用的技術和潛在障礙等已有了清晰認識。在此基礎上，採購小組修改採購要點和採購流程，並告知供應商等利益相關者。之後，要為供應商預留準備創新方案的時間，讓他們有機會比較除價格以外的其他因素，找出關鍵的供應鏈成員組建項目聯盟。這一階段大約持續6—24個月，時間會依據所需技術特性和開發時間長短有所變化。

OGC 建議採用「競爭性談判」（Competitive Dialogue）方法，以有效促進供應商、公共機構等利益相關者參與到談判中，優化解決方案。

在供應商等創新者提交的解決方案基礎上，政企雙方簽訂採購合約。合約簽訂的標準是「物有所值」，「物有所值」不是指價格最低，而是指在整個產品壽命週期內滿足用戶成本和質量要求的最優組合。對那些長期效益和環境收益表現良好的創新解決方案，應以產品生命週期成本進行核算，並選擇最有經濟優勢的投標者，統籌考慮價格、質量、藝術性和功能特性等。驗收標準是在市場參與過程中公共部門所描述的「成果導向規格（Outcome Based Specification）」，強調創新產品實現的功能。

（四）遠期約定採購的示範項目

遠期約定採購一般至少需要2年的時間才能提供一個解決方案，按示範項目的經驗，給予供應商提交解決方案的時間越長最後的結果越好。比較有代表性的示範項目有：HMPS「零浪費」床墊解決方案和NHS「未來病房」超高效照明系統。

1.HMPS「零浪費」床墊解決方案

英國司法部下屬的皇家監獄服務機構（HMPS）每年購買約53000個泡沫床墊和48000個枕頭，床墊設計壽命是4年，但在監獄的環境下易髒、易損且易壞，平均使用時間只有17個月。HMPS每年要處理40000件床墊，其中大多數被填埋或歸為危險廢品焚燒，每年處理成本高達280萬英鎊，且不符合政府有關垃圾處理的政策。因此，HMPS希望能找到一種「零浪費床墊解決方案」，期望到2012年大部分報廢床墊能夠資源化利用，且被劃分為危險廢品的床墊數量減少到2%。

借助遠期約定採購方法，2006年11月，HMPS在《歐盟政府公報》上發布尋找創新解決方案的需求公告，到2007年1月，該公告收到了36家企業（包括中小企業、跨國公司和社會企業等）所提供的創新技術解決方案，隨後HMPS編制了響應企業名錄在網站上發布，其中的優秀代表被邀請參加在2007年4月23日舉行的「概念可行性」活動，2008年6月進行正式招標活動，這期間共為潛在供應商提供了18個月時間準備創新解決方案。最終HMPS接受供應商的建議，按照公正、公平和透明的原則選擇5家資質好的供應商進行邀請招標採購。

透過使用FCP採購模式，HMPS獲得了一個逐步改善的解決方案。在合約週期內節約資金至少450萬英鎊，浪費的床墊數量明顯減少且能回收利用。作為第一批FCP示範項目，「零浪費床墊解決方案」取得了實實在在的成效，並為英國司法部在政府創新採購的實踐方面贏得了殊榮[15]。

2.英國國家健康服務體系（NHS）「未來病房」超高效照明系統

羅瑟勒姆NHS信託基金會提出「未來醫院」的願景，希望實現高效節能、成本低廉且逐步提升用戶良好體驗的醫院智慧照明系統，一方面，為患者創建床區可控的照明系統以創建舒適、健康的治療環境；另一方面，為醫護人員提供降低醫院疾病感染風險的臨床照明設備。

基金會在商業、創新和技能部（BIS）和衛生部（DH）的支持下採用FCP模式，於2008年在《歐盟政府公報》上公告所需要的產品（市場上可能不存在），以一個為期7年的「醫院整修計劃」作為市場創新機會，並透過知識轉移網絡（KTN）和其他中介機構進

行宣傳，正式招標活動於2010年執行。這次採購公告得到40多家企業的積極響應，包括醫療照明企業、照明設計師和照明廠商等，供應商們自組織成立項目聯盟，以提供「未來超能效護理照明系統」的集成模塊化解決方案。示範病房於2011年3月建成並接受臨床檢驗和設施評估。

據詳細測算，該解決方案以不變的成本支出取得突出效果：在經濟方面，預計在產品壽命週期內節省能源消耗30%，節省維護費用88%，減少了建設和拆除成本；在環保和用戶體驗方面，實現綠色燈源長壽命、低耗能及發光組件的可回收利用，大幅度提升了患者和醫護人員的舒適和健康程度[16]。

遠期約定採購設計初衷是為解決環境創新方面的特定障礙，如廢棄物管理、能源利用效率等急切的環境問題，但隨著示範項目範圍的擴大，該方法也逐漸應用於其他領域的創新方案採購，比如可持續發展，醫療衛生健康和可持續建築等方面，具體包括：低碳汽車和國內綠色新政翻修計劃（伯明罕市議會）；低碳汽車（布拉德福都會區議會）；超低碳能源（普爾自治區委員會）；零浪費監獄服務（司法部）；低碳管理計劃（外交部）；超效照明系統（羅瑟勒姆NHS信託基金會）等，首個國家級FCP示範項目也在醞釀中。

3.遠期約定採購實踐初步評價

1）遠期約定採購政策的優勢

一是減少財政資金風險。如果供應商不能按時提供議定規格的產品或服務，公共部門也沒有更大的損失（機會成本除外），只需繼續購買已存在的技術解決方案[17]。二是減少企業創新風險。政府無需投入額外資金，只要為市場提供未來需求和銷售前景，成為企業創新的最早用戶（early adopter），就會大大降低創新產品和服

務的市場化風險。三是為中小企業提供創新機會。遠期約定採購注重向中小企業分配公共採購比率，在採購過程中將重大的需求分解為個體化、具體化的要求，在重大政府採購活動中鼓勵大供應商與中小企業建立合作夥伴關係，從而激發中小企業的創新熱情，保持產業鏈各環節的創新活力。

2）遠期約定採購政策的弱點

一是遠期約定採購過程複雜，時間跨度長，需要採購部門與政策制定者和利益相關者的多方參與，及供求雙方之間不斷反饋和溝通協調。二是會衍生交易成本，創新採購過程需要花費相當的時間和人力，還需要中介機構等利益相關方的支撐。三是風險管理能力要求高，採購人員必須具有專業化的採購水平和項目管理經驗，才能有效識別和控制風險，降低創新採購失敗產生的機會成本。正因為如此，遠期約定採購目前仍處於示範階段，在示範的基礎上總結改進，才能在更大範圍的公共部門複製。

（五）相關政策建議

英國的實踐經驗已表明，僅靠稅收減免或研發補助等供給方式不一定能有效促進科學研究成果的市場轉化，還應配合運用需求拉動手段。遠期約定採購政策注重從需求側拉動創新，且已獲得實實在在的成效，這對於中國政府採購自主創新產品、促進企業創新具有借鑑意義。為充分發揮政府採購對創新的拉動作用，建議：

1.開展「創新約定政府採購」試點

在科技部門與財政部門共管機制下建立專門的創新採購機構（創新採購基金或中心），專門留出預算面向各類企業開展「創新約定採購」試點。創新採購機構會同各級各類科技服務機構，採集

和發布政府未來需求訊息，吸收用戶單位、供應商、技術專家等利益和技術相關者「市場參與」，組建評標小組評標，形成創新約定採購合約，按合約完成創新產品的採購。

創新約定政府採購是開放的，面向國內外、內外資和各種所有制企業，只要能夠滿足政府未來需求，對任何企業都一視同仁。

創新約定政府採購把創新過程和創新產品綁定，更充分地發揮了政府資金對創新的拉動作用，社會也由此增加了福利。

2.開展「創新約定企業採購」服務

鼓勵和支持各級各類科技服務企業或機構，包括行業協會、產業技術創新聯盟、知識產權中心、生產力促進中心、創新中心、技術轉移中心、技術交易市場、創新中心等，建立創新約定企業採購平台，開展企業間的創新採購。平台網絡吸納產業、高等院校、科學研究院所、金融等相關人士，並邀請相關政策制定者、政府部門採購專家參加。企業在發布未來創新需求以後，各相關方共同「市場參與」，簽訂創新採購合約，按合約完成創新採購。創新約定企業採購完全是市場行為，而且量大面廣，可能比政府採購更有效率，也更有生命力。

3.培養和引進國際化的創新採購人才

創新採購人才是創新採購成功的基本保證。要加強創新採購的學術研究，在高等院校設立相應的創新採購課程，培養創新採購人才。還要大力引進富有創新採購經驗的專業人才，特別是國際化的創新採購人才，不拘國別和民族，採用全職引進、項目聘用和項目合作等形式，給予相應的福利待遇，力爭最大可能地為我所用。還要透過創新約定採購實踐來鍛鍊專業採購人才，為中國創新採購積

累實踐經驗。

三、加拿大創新商品化計劃及其對中國的啟示

加拿大創新商品化計劃（Canadian Innovation Commercializa-tion Program，以下簡稱CICP計劃），是加拿大政府試圖透過政府採購和使用創新產品與服務，幫助加拿大企業，尤其是中小企業跨過創新「死亡之谷」。CICP計劃於2010年設立，每年4千萬加元。

（一）CICP計劃發布的背景和目的

2012年6月13日，經合組織（OECD）發布的《加拿大經濟調查報告》指出，加拿大擁有世界級的研究所，並為用於研發（R&D）的商業投資提供強有力的公共支持，然而商業部門僅將GDP的1%用於研發，美國則為2%，日本、韓國和一些北歐國家的該數值超過2.5%。即使將自然資源產出算在內，加拿大對研發的商業投資依然很少。在過去的幾年中，加拿大的研發支出難以支撐經濟的持續發展。大多數加拿大學者認為，創新需求拉動不足導致企業在創新成果商品化過程中常常遭遇困難。尤其是，作為加拿大經濟引擎的中小企業，其創新成果從實驗室向市場轉化面臨的困難更大。在加拿大，中小企業占企業總量的98%，創造的價值占GDP的45%，提供了60%的就業崗位，75%的新增就業崗位。而且，加拿大政府現有的創新計劃主要支持早期研發，主要支持方式是貸款和金融支持。近幾年的效果要求加拿大政府探索新的創新支持方式。為此，加拿大政府於2010年設立創新商業化計劃（CICP）。

加拿大政府設立CICP計劃的主要目的是支持企業跨越創新「死亡之谷」、提高政府運行的效率和效果、提供商業化前的評估

和支持加拿大本土企業。主要支持四個領域的創新成果：環境、衛生、安全和使能技術（Enable Technology）[18]。主要方式是在兩年的時間內，加拿大政府部門透過政府採購檢驗商業前創新產品和服務，尤其是中小企業的創新產品和服務，以刺激創新需求，證明新的科技產品可以滿足商業需求，減少潛在購買者的購買風險。

整個計劃主要由中小企業辦公室（Office of Small and Medium Enterprises，OSME）負責運行。中小企業辦公室是加拿大公共工作和政府服務部門（the Department of Public Works and Government Services of Canada，簡稱PWGSC）的內設機構，2005年正式成立，核心職能是促進中小企業參與政府採購。在CICP計劃中，中小企業辦公室在全國範圍內發起或參與中小企業政府採購的相關活動，包括為供應商提供與潛在政府部門接觸的機會，使企業對CICP及政府採購有更好的理解，與全國公共和私營部門的組織一起最大限度的推廣CICP 以及利用電子工具如網絡工具和網上研討會等形式推動CICP計劃實施。

CICP對中小企業和政府都會有積極的作用。對中小企業來說，CICP幫助本土企業向最大的採購者——政府展示創新成果，獲取政府採購需求訊息，並透過競爭性採購向加拿大政府出售商業化前的創新產品，為企業創新成果進入市場做好準備。對政府而言，CICP使政府快速找到能滿足其需求卻尚未商業化的創新成果，實現與創新企業的直接接觸，瞭解企業發展需求，透過政府採購更好地推動創新和支持加拿大企業的發展。

（二）CICP計劃的資助對象和申請流程

申請CICP計劃的項目要求：加拿大本土企業，申請成果的國內生產成本比例超過80%，項目的價值低於50萬加幣以及項目處於

商業化的合適階段。CICP計劃支持三個層次的創新：一是通過基本測試的技術。這一階段的技術已通過使用測試和基本評估，可以在基本的實際條件中應用。二是通過檢驗檢測的技術。這一階段的技術除通過開發測試外，也通過滿足操作需求的評估，已經可以在期望的實際條件中使用。三是在適當操作環境中已經可以演示的樣機。樣機已通過基本測試，在操作環境下，真實產品原型已經通過檢驗。CICP 對處於商業化後期的成果不予以支持，比如，在真實模擬環境中演示的樣機或模型，這一階段的模型或樣機已經接近最終期望的配置，以及在真實模擬環境中對於元件功能的細節驗證，這一階段的產品已處於最後調試，即將進入市場。

　　CICP計劃資助項目的流程主要包括三個步驟。一是項目徵集。項目徵集訊息將在MERX期刊和網絡上公布，提案透過網絡在線提交，中小企業需要提供創新成果訊息、企業運營訊息和成果檢驗檢測的需求。二是項目評估。PWGSC首先對所有申請開展形式審查。國家研究委員會（National Research Committee，NRC）與相關專家接著對提出申請的項目進行評估並排序，具體包括項目的創新水平，中小企業運行的水平和營銷計劃。最後，創新評估選擇委員會（Innovation Selection Committee，ISC）對前幾名創新項目覆審。為保障項目提供方的利益，P WGSC要求委員會的委員簽訂保密協議和利益衝突協議 [19]。三是項目匹配和採購。PWGSC選擇排名靠前的且有政府購買可能的創新項目，並通知項目提供方已經透過評估，並開始與項目提供方共同並尋找願意採購併檢驗他們創新項目的政府部門。一旦項目與政府部門需求匹配成功，PWGSC就會與項目提供方簽訂合約，企業同時與政府部門簽訂提供創新成果使用數據反饋協議。

（三）CICP計劃的運行現狀與效果

截止到2011年年底，CICP 已經徵集了2批項目。第二批共收到335份項目申請，正處於項目評估中。第一批共徵集到375份項目申請，其中10項沒有通過形式審查。在365項透過形式審查的項目中，使能技術的項目比例最高，占到39.5%，健康領域的項目比例最低，僅有9.9%。最終27項脫穎而出，已完成與政府需求匹配和政府採購。比如，數據園公司的雲聯合系統，這一系統可以讓虛擬機在受保護的情況下在不同站點間移動；極端溢出科技公司的海洋溢油分離器，這一項目可以在高海浪、激流和冰上高速的運轉；虛擬艦隊科技公司的多任務培訓模擬器，這是特別為海岸防衛、海軍等設計的艦隊培訓模擬器。

表1 CICP 計劃首批項目的技術領域分布情況

技術領域	申請項目數量	比重
使能技術	144	39.5%
環境	96	26.3%
健康	36	9.9%
安全	89	24.4%

數據來源：Office of Small and Medium Enterprises（OSME），Bureau des petites et moyennes entreprises（BPME）。

由於CICP實施的時間較短，目前還無法對其影響做出全面評估。但加拿大政府透過對企業人士的調查和訪談來初步評估計劃的實施效果。受訪者的觀點總結如下：第一，整體上，CICP計劃透過政府採購的方式不僅促進了產品創新，更降低了買家的風險，對中小企業和加拿大政府都有益處。第二，透過參與CICP計劃，企業的銷售量和規模都有所增加，同時還獲得重要反饋意見、良好銷

售預期、新銷售渠道和合作夥伴。第三，CICP 與美國、德國和日本等國的同類計劃相比，預算較少，且是一項短期政策。這在一定程度上限制了 CICP 計劃激勵企業創新作用。P WGSC考慮進一步完善CICP 計劃，包括考慮將CICP 永久化以促進加拿大創新，並在評估項目申請階段尋求產業界、學術界和公共部門三者的平衡，避免利益發生衝突。

（四）CICP計劃的特點及其對中國的啟示

加拿大CICP計劃在國際貿易規則下實施的政府採購促進創新的重要做法，具有較為鮮明的特點，也初步取得一定成效，對中國探索採取更為有效的政府採購促進創新方式具有一定的借鑑作用。

第一，符合《政府採購協議》（GPA）規則。GPA允許對涉及國家安全和公共利益的領域保留，所以CICP對環境、健康和安全領域的支持可以不受GPA約束。在GPA的談判中，參加談判的國家通常會對本國中小企業的採購和研發階段的產品採購予以保留，CICP以支持中小企業為主，而且屬於研發階段尚未完全商品化的產品，所以也可以透過談判使這些產品不受GPA約束。

第二，體現企業創新主體地位。一方面，CICP讓企業先申報項目，項目通過後，再尋找有需求的政府採購部門對其採購。這就對所有的企業都給予了政府採購的機會，充分尊重企業自主的創新方向。而傳統的政府採購都是政府提出採購需求，企業根據需求提供產品，這將很多可以滿足政府其他需求的企業排除在外。另一方面，CICP會將使用結果反饋給企業，使企業獲得改進產品寶貴的訊息。產品在商業化初期，急需用戶和市場反饋來改進產品，為下一階段的產業化做好準備，但是購買產品原型的用戶非常少，所以政府在這一階段為企業發展造成積極作用。而傳統的政府採購，很

少存在使用訊息反饋。另外，中小企業辦公室為企業提供了全方位的服務，尤其是在產品通過評審後，政府會同企業一起尋找有該產品需求的政府部門。

第三，CICP重點支持本國的中小企業。雖然CICP不是專門面向中小企業推出的政府採購計劃，但是從第一批最終採購的項目，以及該計劃是由中小企業辦公室負責這兩方面來看，CICP重點支持了中小企業。相比於大企業，中小企業需要政府更多的支持，透過政府採購支持中小企業可以對其新產品走向市場造成非常重要的推動作用。這也為中國後續如何更好地支持中小企業發展提供了借鑑。

溫家寶總理在全國科技創新大會強調，深化科技體制改革的中心任務，是解決科技與經濟結合問題，推動企業成為技術創新主體，增強企業創新能力。政府採購作為中國政府可控且能有效促進企業創新的手段，中國一定要利用到位。建議中國借鑑加拿大經驗，試點實施政府採購創新商業化計劃。一是試點領域以節能減排、環境保護和健康衛生等民生領域為主，採取優惠措施支持中小企業發展，包括明確政府採購中具體比率由中小企業承擔或明確參與政府採購的中小企業享受一定的價格優惠。二是開展一批創新產品採購重點示範工程。對上述領域的採購，以產品樣機和原型為重點，採取先評審，建立創新產品備選採購目錄，然後根據產品的特點與政府部門需求進行匹配。三是建議在政府採購創新商業化試點計劃實施過程中，結合創新產品採購重點示範工程，建立創新產品政府採購使用訊息反饋機制和數據平台。為企業進一步改進創新成果，真正進入市場提供必要的消費訊息支撐。

四、加拿大以國防政府採購帶動本土產業創新發展的啟示

如果政策使用得當，國防政府採購完全可以成為提升本土產業創新力和競爭力的一項特殊投資。在所有的創新政策工具中，政府採購是各國公認的有效需求方政策之一。而以國防和安全領域的政府採購作為槓桿，打動國家關鍵領域的產業創新能力提升，則是近年來一些國家採取提升本土企業創新能力的重要政策手段。透過這一政策工具，能夠最大化國防政府採購的總體經濟社會效益，特別是拉動本土國防相關產業、中小企業，以及地區的創新能力得到有效提升。加拿大「惠及產業和區域政策」（IRB）就是該類政策之一。本報告介紹了加拿大聯邦政府自1986年以來實行的基本情況、運作程序，以及在加拿大優先國防戰略背景下的未來政策發展前景。以期對中國政府採購創新政策的制定有所借鑑。

（一）IRB政策發布的背景和簡要介紹

IRB政策於1986年由加拿大議會批准實施，該政策產生是為了透過聯邦政府的政府採購帶動長期的產業和地區發展，確保加拿大國防和安全政府採購能夠創造更多的高價值高增長經濟活動。該政策要求凡是獲得加拿大國防和安全政府採購合約的企業必須將與合約金額一致的投資再用於同加拿大本土企業或機構開展經濟活動。這一要求是合約上承諾的條款，也是整個政府採購合約的重要組成部分。

舉例來說，公司A獲得價值2億加元的政府採購合約為加拿大國防部生產雷達系統。那麼公司A即被要求在一個特定的時期內以2億加元投資於加拿大本土，比如說它必須從本土企業那兒購買產

品或服務。

IRB政策是一項市場驅動政策，推動合約承包商和加拿大高科技中小企業建立長期的夥伴關係。該政策給加拿大的企業提供了與IRB合約承包商合作開發和銷售創新型產品的機會。這些合約承包商主要是大型跨國航空和國防企業。能夠成為這些企業的合作夥伴或者供應商能夠推動加拿大中小企業為了獲得更高水平的商業機會努力實現價值鏈升級。IRB是一項購買加拿大本土產品或服務的政策，但是該政策允許承包商透過直接或間接的方式在加拿大從事商業活動，同時承包商有權根據自己的商業利益選擇合作夥伴，加拿大本土企業必須保證提供的產品或服務在價格和質量上有競爭力。

目前加拿大有60多個國防和安全政府採購訂單是直接與IRB政策掛鉤的。這些政府採購合約總計將為加拿大產業帶來200億加元的商業機會。一攬子政府採購計劃由將近2000個交易和超過700個不同的受益人組成。

（二）IRB政策運作基本程序

1.IRB政策是國際慣例

凡是獲得加拿大國防和安全政府採購合約的企業必須將與合約金額等同的投資再用於在加拿大本土開展商業活動。這一政策遵循的貿易補償（offset）原則是全球國防和安全領域政府採購的通行做法，在全世界約48個國家採用。而且，近年來更多的國家在大規模投入國防開支時開始引入這一做法。

2.IRB主要運作流程

該政策主要由四個部門領導，加拿大公共事務和政府服務部是政府採購合約管理機構、國防部是技術管理機構和採購方、工業部

是IRB政策管理機構，以及財庫委員會是財政機構。其中，加拿大工業部航空、國防和海洋branch下的IRB局負責協調和管理。在加拿大負責採購國防和安全設備和服務的主要是加國防部Department of National Defence和海岸防衛隊Canadian Coast Guard，而加拿大公共事務和政府服務部 Public Works and Government Services Canada是負責政府採購具體事務的，IRB政策作為整體加拿大聯邦政府採購的一部分，同時還有單獨制定的條框，用以指導其政策實施的過程。工業部還同各地區具體的工作聯繫，比如the Regional Development Agencies（RDAs），the Atlantic Canada Opportunities Agency（ACOA），Canada Economic Development for Quebec Regions（CED-Q），以及 Western Economic Diversification（WD）。這些部門主要幫助IRB承包商與他們所在地區的企業取得聯繫，他們也幫助設計IRB的政府採購戰略和標書的評估。

　　一旦加拿大政府確定了針對一個特定項目的政府採購戰略，就會向公眾發布招標，有興趣的投標者就要開始尋找能夠滿足IRB要求的可能的加拿大商業夥伴。加拿大政府透過公共事務和政府服務部公布項目，投標者需要提交項目申請書，以及技術和商業計劃書。IRB的申請書包括完成項目的整體計劃，以及特別IRB約定不低於30%的標書價格。

　　舉例來說，公司 A 報價 1 億加元競標銷售軍用直升機給DND，那麼公司A必須確認至少有3000萬加元要用於IRB合約中。這些計劃和條款將是成功競標的主要合約承諾基礎。

　　一旦申請書提交了，工業部就會和地區相關部門一道開始評估。評估團隊主要評估申請書計劃和特別約定是否確定能夠滿足IRB政策的要求。所有的計劃和合約會被根據質量和風險指標進行

打分。競標者的IRB申請書必須符合最低分數要求才能通過評審，這是一項強制性要求，如果不能通過，那麼整個的投標申請就會被取消。競標成功者會獲得合約。一旦合約簽訂了，IRB承包商就要每個年度報告其進展。

3.IRB交易的形式、內容和標準

IRB交易必須是IRB承包商與加拿大本土企業之間的真實商業行為。這一商業合約可以採用多種形式，但是通常是產品或服務購買。一般有兩種商業活動，直接或間接交易。每一個項目也可以將直接和間接交易混合起來，取決於整體的政府採購戰略，特別是IRB的要求，以及什麼樣的商業行為對於承包商是有意義的。

直接IRB交易是指該交易與聯邦政府採購的產品或服務直接相關，可以是產品的零部件或者設備維護。直接交易也包括在IRB的全球價值鏈平台工作。由於在這一平台上工作為加拿大企業提供了巨大的商業機會，也被視為直接交易。間接交易是指交易與政採購不直接相關，這類交易通常需要滿足IRB的資格審查標準。

舉例來說，提供軍用直升飛機的IRB承包商與加拿大生產飛機零部件的企業一起合作。或者承包商把其他業務線上的工作來支持IBR要求的直升飛機項目。

IRB的資格標準主要有五個，這是IRB的承包商給工業部提交申請時必須滿足的。一是因果性，IRB承包商要承諾其必須按照IRB的要求開展商業活動。二是累積性，IRB承包商可以沿用之前的合作夥伴供應商，但必須開展新的業務內容。三是時效性，IRB承包商必須在規定的政府採購時間段內完成其任務。四是為加拿大創造價值，必須採用加拿大的勞動力、材料等，這一價值以加元衡量，是與實際在加拿大發生的商業活動相關的產品和服務銷售價格

的組成部分。比如說，一個IRB承包商將價值100萬加元的合約放在一家加拿大公司，針對其特定工作內容為加拿大創造的價值為65%，則承包商獲得65萬加元的信用。能否獲得這個信用還取決於IRB承包上需要每年向工業部提交年度報告，工業部評審通過了方能獲得。

加拿大企業要參與到IRB的政策框架當中，必須瞭解現有的IRB承包商的情況，然後在工業部專門的網站上註冊；與主要競標者或現在的IRB承包商取得聯繫；也可以透過商會、會議等取得聯繫。當然，加拿大企業也可以直接與IRB合約商的主要供應商聯繫。

（三）IRB的政策效果以及典型案例

1.政策效果

分析IRB的政策效果，可以從資金規模、受益範圍和程度來衡量。

從投資金額上看，由於國防政府採購投資金額巨大，對於產業的投資拉動規模巨大，這是任何其他投資都不能相比的。截至2011年IRB規定的投資於加拿大本土產業的金額已累計230億加元，加上根據加拿大優先國防戰略預計到2027年的投入，總計將超過800億加元。這一數字比加拿大銀行現有的儲備670億加元還高。且國防政府採購戰略框架下的IRB投入遠比其他聯邦政府產業支持計劃投入加總後的金額還高（見圖1）。

2.典型案例

案例一：Bluedrop Performance Learning公司一個總部位於加拿大大西洋地區的企業，主要提供高級電子學習課程，學習平台和模

擬。公司1992年成立，2004年成為高級學習領域的領導者，公司開發出應用於國防和航空領域的專業技能，提供關鍵任務的培訓解決方案。公司被加拿大國防評論雜誌評為加拿大前50名國防企業。

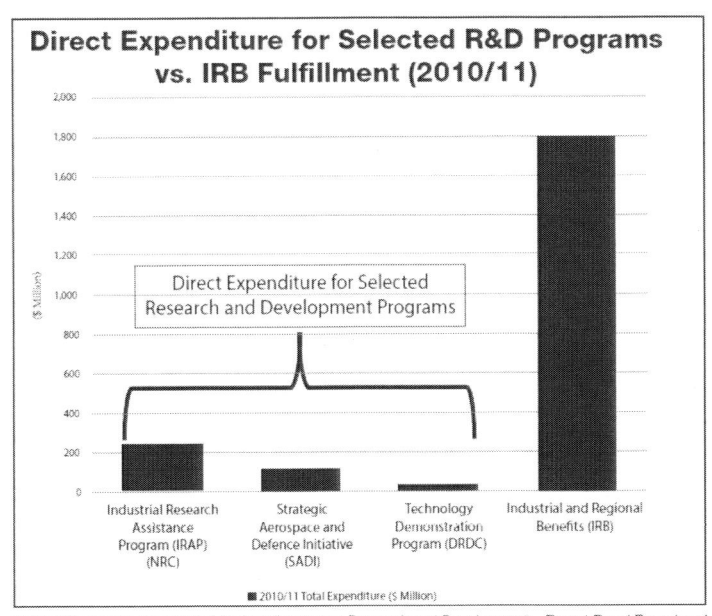

圖1 IRB投入與加拿大聯邦政府主要研發支持項目投入金額的比較

Bluedrop的成功離不開CAE，是CAE選擇了該公司承擔了其兩個項目，一個是空勤人員的培訓分析和CAE運營培訓系統課件開發，另一個是提供CAE C130J維護的技術培訓課件，CAE 同Bluedrop合作能夠使其滿足IRB的政策要求。而對於Bluedrop而言，與CAE工作不僅能夠鞏固其在國防和航空領域的地位，同時也給公司提供了成為加拿大其他軍工平台關鍵合作夥伴的機會。公司將這些寶貴的經驗轉化為巨大的商業潛能。

而CAE公司本身1947年創立，其進入模擬仿真領域主要是因為

1952年接受了加拿大皇家空軍的合約委託開發CF-100飛行模擬器。從這第一個訂單開始，公司陸續賣出了10套產品，包括首次出口給比利時空軍。2009年獲得為加拿大中型和重型空運直升機，以及其他潛在機隊提供培訓系統和服務的運營培訓提供商合約。這一合約能夠幫助在全加範圍內創造高質量和高技能的工作，包括透過CC-130J空乘人員培訓創造估計1330人／年，透過CH—147F空乘人員培訓創造1040人一年。自CAE成立以來，公司已經向民用和軍用客戶賣出了超過1300個模擬器和飛行訓練儀器。2012年銷售收入18億加元。而且，公司向190個國家出口產品或服務，雇傭約8000名員工。CAE已經成為模擬設備、商業航空培訓、直升機航空培訓，軍事虛擬空中訓練，以及健康模擬技術方面的世界領先者。

案例二：British Columbia Institute of Technology（BCIT）

洛克希德·馬丁公司（Lockheed Martin Aeronautic）給BCIT100萬加元出資委託其幫助設計和創建SD模擬技術。這一項目同時推動了Western Economic Diversification Canada 50萬加元投資以及NGRAIN（Canada）Corporation 38萬加元投資。孵化器還為BCIT、加拿大航空產業、以及其他領域的人包括健康服務提供模擬的商業系統，以及演示如何利用3D技術創造全方位的服務培訓和學習系統。這一技術使單個人也能夠成為問題解決專家，學習新技術，並且為在實際的商業環境中展開環境做出準備。

Lockheed Martin Aeronautics公司透過CP 140 極光結構性聲明延長項目既滿足IRB政策的要求，同時獲得新的技術設計和開發產品。而加拿大受益企業則改進它的教學計劃，有能力實施戰略計劃培養更加有創造力的學生，從而提升其教學專業實踐能力。

案例三：Canadian Composites Manufacturing Research and

Development（CCMRD）Consortium

波音公司和加拿大的產業合作夥伴創建了一個研發聯盟，旨在加強加拿大在航空和其他產業領域先進符合材料製造的競爭地位。這一聯盟是一個真正的卓越中心CCMRD，把主要的航空企業和中小企業聯合到一起，將最先進的複合材料技術轉化為實際解決方案，從而提升加拿大產業的國際競爭力。

該聯盟幫助加拿大產業提升技術能力，同時與加拿大和國際航空設備製造商，以及加拿大材料、設備、元件和軟體供應商建立聯繫。聯盟已經完成了一個項目，有兩個在進行項目，還在準備啟動另外三個項目。

除了資金支持外，波音還透過其研究、技術和創新組織Boeing Research & Technology 提供技術專業技能和項目指導。Boeing Canada Operations Ltd.in Winnipeg還同其他聯盟成員一道參加聯盟的項目。波音幫助聯盟滿足中型到重型直升機項目的要求。

案例四：D-Wave Systems是一家總部位於BC省的公司，其在量子計算、處理海量和複雜數據系統方面處於前列，比如軟體驗證、金融風險分析以及醫療成像技術。

LM公司與該公司合作主要有兩種方式，一是LM公司建立了一個IRB聯盟研究海量數據計算。聯盟的合作夥伴包括LM公司、D-Wave公司，以及幾個加拿大大學。二是LM公司購買該公司的第一個海量電腦系統。這個合約包括電腦系統，以及與系統相關的維護和專業服務。這些戰略性活動幫助LM滿足在戰術空運項目上IRB的要求，這是LM的一個重要領域。對於D-Wave而言，夥伴關係代表了一個能夠和世界一流產業領導者合作的機會，以開發其尖端技術。

（四）加拿大優先國防戰略（Canada FirSt Defence Strategy，CFDS）與IRB政策前景

1.加拿大優先國防戰略及未來國防政府採購政策

2008年，加拿大聯邦政府公布了給軍隊長期資助及其商業化的未來20年路線圖，稱之為加拿大優先國防戰略。目前的IRB政策是該戰略的重要組成部分。該戰略預計總投資4900億加元用於人員、設備、維護和基礎設施，其中2400億加元將用於與上述方面有關的政府採購。加拿大視這一國防政府採購為能夠用以提升本土產業競爭力的特殊投資。國防政府採購作為一個重要的政策實踐，能夠透過起消費者——加拿大政府來培育世界一流的國防相關產業。調查顯示，絕大多數加拿大本土的國防產品供應商，有幾家已經成為大企業，都是從國防部給的合約起步的。這第一個合約非常重要，不僅能夠細化任何新的或改進產品的成本和績效，而且能夠有效地國際化。這些投資的回報包括創造高水平的就業，但這還是短期，更重要的是長期創造的高增長企業的數量。

2400億加元的國防政府採購將創造巨大的市場機會。加拿大政府期望透過這筆巨額投資自2008年至2027年二十年的時間裡從三個方面重新裝備加拿大的軍事，分為為設備、預備力，以及維修和維護。其中，600億加元用於設備、零部件等。這600億加元中的20%已經在2012／2013年度分配完畢，其餘480億加元將分配至2027年。1400億加元用於預備力方面，該方面的預算比設備裝備方面多出2.5倍，其中大約240億加元已經分配完畢，還有1160億加元將分配至2027年。還有400億加元主要用於透過服務支持合約執行的維修和維護活動。這些活動涵蓋整個設備使用的生命週期，其價值可能是設備購買價值的三到五倍。而且維修和維護活動與複雜產品和價值

鏈高端的知識產權相關。

2.未來IRB政策將更加鎖定加拿大經濟發展關鍵技術領域

鑒於如此大的國防政府採購投資，以及加拿大政府明確的政策使用理念，透過國防安全領域政府採購帶動本土國防相關產業的創新能力，進入推動核心產業創新能力的培育。未來IRB政策進一步加強管理，更加集中於聯邦政府的上述目標，擴大政府採購本土企業受益範圍，以及進一步鎖定關鍵的技術領域。為此，加拿大公共事務和政府服務部專門委託獨立的第三方諮詢機構對國防領域的政府採購及其政策效果進行了調研。報告透過研究主要先進國家在透過國防領域政府採購帶動本土產業創新能力方面的經驗，提出加拿大要更好地發揮國防政府採購的槓桿作用，透過三條基本標準，即能否加拿大國防的特殊需要（運營要求視角）、能否推動本土產業進入國際市場（市場機會視角），以及能夠帶來新的或改進的產品（創新視角），來篩選對於加拿大來說最關鍵的產業技術能力，並且透過國防政府採購著力培訓，目前初步篩選的六大關鍵產業技術能力為：北極和海上安全、保護士兵、指揮和支持、網絡安全、培訓系統，以及服務支持。圍繞這六大產業關鍵技術能力，IRB將進一步加強管理瞄準更加高端和技能型的就業創造，而不僅僅是給加拿大企業提供市場機會。比如，在加拿大航空航太評估報告中，建議識別該領域加拿大不超過10個最關鍵的優先技術領域、透過產學研和政府共同組織的專家網絡進行篩選並提出建議、要求拿到政府採購合約的原始承包商必須與加拿大本土企業合作提供給他們服務支持以及轉移技術數據和知識產權，以及要求承包商提供詳盡的產業和技術能夠惠及加拿大的計劃書，並將其作為項目申請書的重要組成部分，一併介紹投標評審。

（五）IRB的政策啟示

加拿大IRB政策是在國際貿易規則下實施的透過國防安全領域政府採購促進本土產業創新的重要做法，該政策已實施二十多年，為加拿大培育了很多知名創新型企業，成效顯著，對中國探索採取更為有效的政府採購促進創新方式具有一定的借鑑作用。

1.符合《政府採購協議》（GPA）規則。GPA允許對涉及國家安全和公共利益的領域保留，透過這些領域政府採購扶持本土中小企業創新發展完全可以列為GPA的例外條款，不對外開放。這是很多先進國家的共同經驗，即使像美國這樣的先進國家，其實際開放程度是有限的，如占據其政府採購市場70%比率的國防安全領域，並不對外開放。同時，我們還應該更加用足政府採購中的「補償」策略，IRB政策針對外國承辦商時就採用這一典型的策略，即透過一定程度上開放本國政府採購市場，要求外國承辦商採購本土產品、設立工廠或者技術轉讓，從而為國內企業進入外國市場提供條件。

2.透過國防安全領域政府採購帶動本土相關產業技術能力的提升具有巨大的擴散效應。中國大量民生的技術都是由軍事技術產業化獲得的。加拿大的案例也說明，沒有一家本土企業特別是與軍控相關企業能夠完完全全自我生長起來，需要政府的支持。而政府採購是世界各國普遍公認的有效需求方政策。國防安全領域的政府採購政策是更好的政策工具，投資規模更大，更加瞄準高端，效果更加顯著。

3.鎖定優先技術領域，從源頭推動軍民科技融合。

透過完善的政策設計，初步篩選並鎖定對中國國防和安全領域關鍵的領域，列出可以對本土創新型企業（特別是民生中小企業）

開放的領域，推動原始承包商與本土企業的合作，推動他們建立高端的夥伴關係。從而從優先技術領域開發的源頭就將軍控民控相關機構聯合在一起，最大限度地發揮政府採購的作用。

五、OECD《需求面創新政策》報告對中國的啟示

作為OECD創新戰略研究中的重要組成部分，OECD於2008年啟動了關於需求面創新政策的研究項目，並於2011年5月正式出版了《需求面創新政策》報告。這一報告系統總結了需求面創新政策理論，並介紹了OECD各國政策實踐的經驗及所遇到的問題。其中許多戰略思想、政策措施、政策工具等值得中國借鑑，將為中國完善創新政策體系提供有益的參考。

（一）需求面創新政策成為政策實踐的重要方向

需求面創新政策就是指透過為創新增加需求、改善促進創新吸收的條件，提高對市場需求的認知等途徑，刺激市場的出現或重構新的市場。需求面創新政策的目的在於營造有利於創新的市場環境，加速實現創新擴散。歷史上，各國政府透過制定供給政策來推動企業的創新發展，例如：政府R ＆ D投入、平台建設、稅收優惠、科技人員隊伍建設等等。但隨著對創新模式認識和創新過程中供給和需求之間反饋機制認識的深化，英國、芬蘭、日本、歐盟等OECD國家，都在加強需求面創新政策的研究和應用方面做出了明確的政策規定。

儘管需求和市場在促進創新方面的作用早已經存在，但需求問題之所以當前受到多個國家政府的高度重視，背後體現著創新需求和創新模式發生了重大變化：

一是，社會公共需求日益強烈，創新需求從競爭領域擴展至公益領域。OECD各國在健康、安全、人口老齡化和環境等領域的社會公共需求日益強烈，從而希望透過需求面政策來激勵創新，從而提高公共財政支出的生產效率。報告表明，OECD成員國的需求面創新政策大多應用在哪些單靠市場機制所不能滿足社會需求的領域（如健康、環境），或在私人和公共力量相互作用的領域（如能源供給、交通）。在這些領域，很多國家所採用的需求面政策有效地降低了市場風險，避免了過度分散，在不損害競爭的前提下有效地推動了需求。

二是，創新模式發生重大變革，線性創新模式逐步轉變為基於價值鏈的創新擴散。原有的線性創新模式是從一項發明、發現或者革新活動開始，依次經過研發—實驗發展—應用開發—中試、小試—市場化—大規模應用。那麼政府大多考慮的供給政策，從激勵研發出發，刺激技術的供給。而基於價值鏈的創新擴散，是由價值鏈、知識網絡和創新系統連接在一起，由創新者、供給商、消費者等多個主體參與完成的創新活動，在這個價值鏈內，不同的參與者都在尋求價值最大化。供給與需求兩者之間的交互作用變得越來越頻繁、越來越快速。需求面創新政策透過不斷激勵和創建新的需求，推動創新擴散，促進研發端與使用端的訊息交流和互相影響。

三是，科技創新的國際競爭日益激烈，領先市場將贏得先機。一旦新的技術占領了市場，就被賦予「領先市場」的特徵，領先市場可以為研發企業創造高於平均利潤的超額利潤。能夠成為市場先行者的一個重要特徵，就是創新並不單獨由技術優勢引起，還受包括競爭者、消費者和政府規定等市場因素的影響。其他國外市場對創新的資源配置能力等都可以影響到領先市場的形成。因此，各國

會根據各自的國情和法律環境提出不同的政策設計，幫助研發企業獲得規模性發展和競爭力，進而有效降低創新產品的價格，加快創新的擴散速度，將本國的技術創新迅速推向全球市場。

（二）需求面創新政策具有多種形式

OECD成員國從政策戰略、政策框架上高度重視並積極推行需求面創新政策。而且從形式上來看，各國政府為應對重大社會需求領域中所面臨的市場失靈和系統失靈，採用多種多樣的政策工具，主要包括：公共採購、政策法規、標準政策、消費者政策、用戶導向型創新計劃以及「領先市場行動計劃」等。

各國的創新政策用以促進知識資源與商業需求的整合與轉化，透過促進知識應用，實現產業需求與公共研究（供給）的匹配。一方面，實施需求導向的科學研究計劃，從研發源頭實現產學研聯合開發。例如：澳大利亞政府的綠色汽車創新基金和應對氣候基金項目，資助企業發展高精尖技術以減少氣候變化影響。另一方面，促進公共研究部門對企業的創新服務，加快公共研究部門的知識擴散。例如：荷蘭、英國等多個國家實施了「創新券」政策，資助企業、特別是中小企業購買公共研究部門的創新服務。

各國的創新政策還用於創造新技術、新產品的市場，降低企業的技術風險、市場風險，縮短技術轉化的時間。其中利用公共採購政策促進創新是最為普遍也是最為成熟的政策工具。一個層面是在常規性公共採購中，將與創新相關的標準納入到採購過程中，透過大規模產品和服務的採購來淘汰落後、引導全社會的創新活動。第二個層面是在公共服務領域的戰略性採購中，對特定的技術或服務進行公共採購。採購的目的是滿足政府交通、國防、健康等公共需求，採購的內容是尚不存在的產品、服務或系統方案，促進企業在

一定時間內對創新型技術的開發和應用。第三個層次是直接對研發的採購，也就是在研發的前商業化階段進行採購，填補企業研發初期的資金不足和研發後期的市場需求不足的問題。各國的政策實踐中較為常見的是政府對中小企業提供購買其發展中的創新產品或服務的保證。

各國政府還致力於營造以創新為導向的政策環境，間接地激勵和促進創新的發展。一是，合理設立和調整技術標準，引導新的技術需求，促進技術進步。日本的「METI領先者」計劃，就是將市場上現有最高能效的產品設定為標竿，並不斷動態調整，促使企業快速提高其產品性能，形成良好的市場競爭環境。二是，利用健康、安全、環境等限制性法規，對創新性商品和服務的需求產生直接影響。德國的「可再生能源加強行動法案」規定，新建建築的業主需使用新能源。三是，實施領先市場戰略，採用綜合性的政策措施，培育和發展新的產品和市場，支持企業搶占國際市場。例如，歐盟的「領先市場行動計劃」、日本的新增長戰略等。另外，許多國家還根據各自不同的國情，加強宣傳與培訓，提高消費者的創新需求。

（三）需求面創新政策實施需要科學的設計

與供給面創新政策相比，需求面的創新政策總體上還處於探索和試行的階段。許多OECD國家政府加強對創新政策的有效評估，最大程度擴大政策計劃的正面影響，同時儘量縮小對市場的干擾。而由於政府與市場之間的複雜互動，需求面創新政策遇到一系列的挑戰：

一是，創新本身的複雜性與政府的有限能力。創新活動的本質具有內在的不確定性，面臨巨大風險。政府為了推動預期需求，需

要實施具有預見性的政策措施。雖然透過監測國際市場、科學和技術領域的發展,或透過廣泛開展國際合作來提高對市場發展的監測和跟蹤能力,但是預測市場發展依然是極為困難,並且具有高度的不確定性。

二是,技術路線的多樣性與政府選擇的有限理性。由政府來糾正市場失靈,同樣可能面臨政府失靈的困境。例如:戰略性採購政策所面臨的主要問題就是解決那些市場和技術,將未來需求和未來供給相連接,未來企業會提供怎樣的產品和服務,仍然具有很大的不確定性。另外,由政府主動驅動刺激技術創新,還可能受到原有技術的封鎖和壟斷。政府需要做出對現有技術或是新興技術創新的支持。

三是,多主體的參與和政府部門結構的複雜性。需求面創新政策與供給創新政策相比,政府需要充分發揮市場機制,調動和協調政府內部、政府與私人部門、政府與社會組織等各個參與者的利益關係。需求面創新政策要求政府公共部門在推動創新過程中要承擔更為重要的作用,也面臨著更大的壓力和挑戰,要求公共部門提高相關能力,加強組織協調。

因此,儘管還在試行和探討階段,OECD各國紛紛研究加強對需求面創新政策的評估,探討政策干預的依據、時機、條件,加強與供給面政策的整合,增強政府與市場的協調機制,完善創新政策體系。

(四)對中國完善創新政策體系的啟示

1.中國已經到了完善需求面創新政策的重要階段

有研究證明,在國家或地區踰越溫飽線、開始向全面小康甚至

富足階段邁進過程中，社會公共需求增長率逐步高於社會總消費增長率。人們用於「發展」的文教衛體等的支出提升速度日益超過用於「生存」的衣食等支出的提升速度。在人均GDP 1000美元之上的發展期，社會開始了公共需求超速膨脹的擴張局面。中國經濟的持續快速增長，2003年，中國人均GDP首次突破1000美元，達到1090美元。2011年，中國人均國內生產總值達到35083元，按照平均匯率折算為5432美元。國民經濟實力的快速提升令社會步入公共需求大幅增長與深刻變化期，隨之健康、交通、資源等公共領域對創新的需求日益迫切。因此，需要發揮政府的引導作用，運用需求面創新政策槓桿，推動相關技術的開發與應用。

2.應對激烈的國際競爭需要加快對新興產業的需求推動

國際金融危機以來，世界經濟仍處於動盪、調整之中，全球科技領域的競爭格局也在不斷變化。據統計，近10年來，印度、巴西、中國、韓國等新興經濟體的科技論文產出均有大幅增長。同時，中國立足中國國情和科技、產業基礎，確定了優先發展的節能環保、新一代訊息技術、生物、高端裝備製造、新能源、新材料、新能源汽車等戰略性新興產業。從領域上來看，中國重點發展的戰略性新興產業與美國、英國、日國、德國等先進國家的重點領域高度相似。可以預見未來的科技與產業競爭將更為激烈。從OECD國家的經驗來看，這種競爭不僅是技術研發的競爭，更是「領先市場」的競爭。只有先期啟動新興技術的市場，擴大領先企業的規模生產，才能夠提升創新產品和相關產業的競爭力。因此，需要政府加大對新興產業的需求推動，加速新技術、新產品的吸收和擴散。

3.需求面創新政策需要強化政府組織協調能力

需求面創新政策的實質是政府在充分重視和調動市場力量的基

礎上發揮引導作用。因此,在政策實施過程中,涉及眾多主體的利益協調問題。這關係到需求面創新政策實施的成敗與否。首先,是政府與市場的協調。許多新的技術研發往往涉及眾多的中小企業,因此政策要從選擇性政策拓展到普惠性政策。其次,政府部門之間的統一協調也十分重要。不僅包括科技相關部門的協調,還包括行業部門、財政部門等與科技部門的協調;不僅包括中央各部門的協調,還包括中央和地方的協調;不僅包括政府部門的協調,還包括國有企業、民營企業之間的協調。但就科技相關部門來說,中國政府科技經費多頭配置,缺乏統籌協調,各部門的科技撥款載體大多是科技計劃、科技項目的形式,存在重複配置和資源浪費現象。因此,需要大力推進政府職能轉變,加強科技管理部門在創新友好型需求政策的統籌協調能力。

4.需求面創新政策的實施需要創新政策工具

除了整體的創新戰略、政策框架外,推動實施創新的需求面政策主要要開發一系列的政策工具,推動新產品和服務所需的市場需求和市場規模。「工欲善其事,必先利其器」。強化需求面創新政策,最為重要的是要創新政策的工具和手段。一方面,改革現有需求政策,增加創新導向。例如:芬蘭年度公共採購大概為320億美元,2009年芬蘭政府修訂了「政府公共採購戰略」,其中就包含促進政府採購創新的指導方針。而2011年中國政府採購規模突破1萬億元,約合1600億美元,是芬蘭的5倍多。更好地推行創新友好型的公共採購政策,將為中國技術創新注入更大的活力。另一方面,根據創新規律和特點,積極探索現有框架外的政策工具。如,「創新券」、「未來遠期約定採購」等等。

第十二章 關於中國進一步實施創新券政策的若干問題

　　創新券2004年出現於荷蘭,很快擴散到歐洲和亞洲一些國家和地區。2010年中國開始有學者研究創新券政策,2011年中國科學技術發展戰略研究院研究人員進行了初步研究,於2012年2月提交調研報告,建議在中國實施創新券政策。2012年9月,江蘇省宿遷市包括該市的區縣在中國首次實踐了創新券。在此後的一年多時間裡,上海市楊浦區、上海市研發公共服務平台、江蘇省淮安市、河南省焦作市、廣東省清遠市、浙江省長興縣等一些市縣和公共服務平台紛紛推廣使用了創新券。據說安徽省有的地方也在實行。上海市2014年擬在張江國家自主創新示範區的一區十八園推開創新券;江蘇省科技廳也在研究全省實施創新券的方案。廣州市也把實行創新券作為「十二五」科技服務業規劃的重要舉措。北京市科委軟科學計劃專門立項,研究創新券的實施方案。

一、創新券的本質和特點

　　創新券(innovation vouchers)是政府免費向中小企業發放,專門用於購買知識機構創新服務的權益憑證。其使用方法是,企業按合約獲得創新服務後,向提供創新服務的知識機構付券,知識機構持創新券到政府財政部門兌現。

　　創新券是國際通行術語。也有少數國家或地區稱之為「研究券」、「知識券」、「科技券」、「創新與能力券」等,但本質都是相同的。創新券的本質是普惠性的公共投入政策。創新券的使用

主體是企業和知識機構，但投入主體是政府，或者說是政府為企業購買創新服務。有的國家或地區把創新券政策稱為「創新券制度」、「創新券計劃」、「創新券項目」，本文統稱為創新券政策，簡稱為創新券。

成熟的公共投入政策種類很多，但創新券這種新興的公共投入政策卻與眾不同，其特點如下。

第一，政策對像是中小企業。傳統科技政策的對象偏好是「四大」——大院、大所、大校、大企，特點是扶優扶強。即使是科技扶貧資金，也是投給貧困落後地區的大戶、能人、富村、強企，只有如此才能重點突破，跨越發展。而創新券的政策對像是中小企業，特點是扶危濟困。它解決的不是重點突破、跨越發展的問題，而是普遍創新、全面發展的問題。

有一種看法，認為創新券是個很小的政策，不如搞大項目有顯示度。這是值得商榷的。要說大，什麼項目也沒有創新券政策大。為什麼呢，因為中小企業占企業總數的99%，量大面廣，稅收、就業主要都是由中小企業解決的。但是，如果按照GDP主義發展觀來看，創新券就沒有大項目能顯示政績了。

第二，政策導向是企業需求。傳統科技投入模式是先研發、後產業化，研發時沒有企業用戶，論文、專利等科學研究成果需要另外增配資金加以轉化；在轉化的過程中還是沒有企業用戶，最後很多成果無法轉化。創新券突破了這種研發模式，在研發的起點就引入最終用戶，把企業用戶需求作為創新項目的來源，研發、生產、經營一體化。從而大量消滅了需要轉化的成果。

有人提出，既然是用戶導向，把錢直接給用戶就完了，何必從科技部門到企業，再到科學研究機構，再到財政部門，繞個大圈子

呢？這是因為，科技部門有計劃項目，但不是道每個中小企業的需求是什麼；中小企業有創新需求，但沒有研發經費和研發機構；科學研究機構有創新服務力量，但沒有為中小企業服務的動力；財政部門經費，但不知道錢花得有沒有效率，創新券把這些主體串聯起來，解決了這些問題，是公共政策促進中小企業創新的最短路徑，而不是繞了大圈子。

第三，政策工具是福利券。與其他政策工具不同，創新券的政策工具是福利券，免費向中小企業發放。票面標有一定金額，代表相當額度的貨幣權益，其物理形式是紙質券，也可以是IC卡或電子券。創新券不是金融證券、企業證券，而是政府證券或政府機構證券，由政府所屬機構發行；不是一般證券，而是專門證券，專款專用；不是上市流通的證券，而是實名制非上市證券，不能流通、交易和讓渡。

有人擔心，實行創新券政策會攪亂金融市場。這是因為對創新券的政策工具有誤解，把創新券當成有價證券。其實創新券是福利證券，不是金融證券，不能流通、交易、讓渡，跟金融市場搭不上關係。

還有人擔心，創新券發給誰不發給誰，有很大的尋租空間。這也是由於對創新券模糊認識引起的。創新券的本質是福利券，是普惠政策，不是特殊政策，有需要的企業都可以申領，想尋租都不可能。當然，由於中國經濟發展的不平衡性，有些地方的創新券還是有準入門檻的，但這個門檻只決定某類企業是否有資格進入的問題，不決定門檻內的企業發給誰不發給誰的問題，進了門檻就普惠了。

第四，政策任務是購買服務。與其他政策任務不同，創新券的

政策任務不是設立科技計劃項目或資金獎補或稅收減免，也不是提供設施、設備等實物產品，而是政府對創新服務的採購，以此惠及廣大中小企業。

據上海研發公共服務平台對張江國家自主創新示範區內250家企業的一項調查，企業希望創新券可以購買的服務主要是技術服務、檢測服務、知識產權服務、儀器設施共享服務、培訓服務等。

第五，政策基礎是全面發展。與其他創新政策的基礎不同，創新券的政策基礎是普惠性發展，透過資助中小企業創新解決市場失靈問題，促進公平競爭，擴大社會就業，增加財政收入和居民收入。

有人問，政府為什麼要發放創新券？往大了說是為人民服務。人民政府為人民，收了稅，就要為納稅人服務。往小了說，政府為了促進普惠性創新，也有人稱之為包容性創新。自主創新能力的提高不決定於長板，而決定於短處。短處就是中小企業。中小企業經濟實力弱，創新資源缺乏，絕大多數沒有研發活動，大學和研究機構又缺乏為中小企業服務的動力，在中小企業創新領域存在著市場失靈，如果政府不管，中小企業就永遠沒有創新能力。

二、創新券的工具構成

創新券的政策工具是福利券，但福利券並不僅僅限於一張紙或卡，而是包括紙或卡背後的一系列政策內容。創新券政策工具的構成如下。

（一）資金來源

創新券的資金來源是國家財政。2009年荷蘭創新券預算為2650萬歐元，2012年丹麥創新券預算為1969萬歐元。就中國情況來看，創新券資金來源主要是省、市、縣三級財政。

　　創新券一般都要求企業配套投入，但配套投入是由創新券政策引致出來的，即使數量較大，並不改變創新券財政資金的性質。隨著發展，將來可能會有社會資金進入創新券，但仍然不會改變創新券主體是財政資金的性質。

　　建議中國創新券的資金以省、市兩級財政為主，中央、縣級財政為輔。中央財政的投入主要用於中央政府相關管理機構運行費用，以及對一部分財政困難地區實行創新券的轉移支付。縣級財政投入主要用於配套或低成本的「軟」創新。有條件的地方，應整合政府各部門資金，如科技創新專項資金、新興產業引導資金、新型工業化專項資金等，統一安排創新券資金；沒有條件的地方，可以從科技經費中劃撥一部分作為創新券資金。

　　創新券資金總額應根據當地情況測算、確定。

　　（二）主要類型

　　按照不同分類標準，創新券可以劃分為單一券和聯合券、普通券和專項券、科技券和獎補券、A券和B券等。

　　按使用創新券的企業數量，可分為單一券和聯合券，也稱為基礎券與擴展券。荷蘭、愛爾蘭等國採用這種分類。單一券面額較小，用來解決單個企業發展的創新問題；聯合券面額較大，用來解決若干企業的共通性問題。荷蘭的聯合券針對較大項目，參加企業聯合申請；愛爾蘭的聯合券採取若干單一券聯合使用的方式，最多可將10家公司的單一券合併起來使用；新加坡首期創新券也允許10

家以下非親屬企業聯合使用創新券。

按創新券支持的領域，可分為普通券與專項券。瑞士等國採用這種分類。普通券面向所有領域；專項券面向特定領域，如清潔技術領域等。

按創新券購買的內容，可分為科技券和獎補券。宿遷市採用這種分類，用於購買科技服務的創新券稱為科技券；用於購買技術改造、節能減排等硬體設備的創新券稱為獎補券。

按創新券資金的來源，可分為A券和B券。焦作市創新券資金在市縣兩級財政科技經費中列支，市本級財政資金為A券，區縣本級財政為B券。A券與B券按1：1比例配套，A券由市級財政兌現，B券由企業所在縣級財政兌現。宿遷市沒有區分A券與B券，但也規定區財政與市財政按照5：5的比例進行資金配套，縣財政與市財政按照8：2比例進行配套。

對創新券的分類，建議各地參考上述一般分類，根據本地實際情況確定。

（三）券麵價值

從實踐經驗來看，大額券面值一般是5萬元人民幣，愛爾蘭的面值為5000歐元，瑞士的面值為7500瑞士法郎。也有更高的，最高值可達人民幣50萬元，如荷蘭聯合券，最高值為50000歐元；宿遷市的獎補券也都在幾十萬元人民幣，但這不是普遍做法，具有特殊性。

小額券一般為一、兩萬元人民幣。荷蘭面值為2500歐元；新加坡首期面值為5000新元，現在為5000美元。宿遷市服務券面值為一萬元人民幣，每個企業獲得創新券額度為5萬元；焦作市創新券面

值也為一萬元。也有更低的，比如長興縣面值為1000元人民幣，這也具有特殊性，不是普遍做法。

中國創新券的面值建議以一萬元、五萬元人民幣兩種為主，使用時可以進行多種組合。

（四）資金政企配比

丹麥等國小額券配比要求是1：1.5；大額券配比要求是1：3。宿遷市的配比要求也是1：3，實際達到1：10；焦作市市屬企業配比不低於1：1，縣屬企業不低於1：2。

宿遷市根據獎補類創新券的特殊性，對配套資金另作規定。縣（區）和園區配套資金要求1：5，企業用於用於技術改造、訊息化建設、節能降耗方面的，配套資金要求1：8，服務機構不需要配套。

建議採取「大配小不配」的原則，小額券不要求企業配比；大額券要求企業1倍以上的配比。

（五）中小企業標準

不同國家和地區對中小企業的劃分標準不同，如歐洲一些國家規定的從業人員標準是少於50人，新加坡的從業人員標準是不超過200人；新加坡的收入標準是年銷售額不超過1億美元。中國中小企業包括中型、小型、微型三種類型，具體標準圍繞企業從業人員、營業收入、資產總額等指標，根據不同行業的具體特點制定。如工業和訊息化部、國家統計局、國家發展和改革委員會、財政部2011年發布的《中小企業劃型標準規定》，工業企業「從業人員1000人以下或營業收入40000萬元以下的為中小微型企業。其中，從業人員300人及以上，且營業收入2000萬元及以上的為中型企業；從業

人員20人及以上,且營業收入300萬元及以上的為小型企業;從業人員20人以下或營業收入300萬元以下的為微型企業。」

建議各地根據國家標準,結合本地情況,制定符合本地實際的標準。

(六)創新服務機構

承接創新券項目的創新服務機構為知識機構,包括大學、科學研究院所、企業研發機構、設計研發服務企業、技術轉移服務企業、技術改造服務企業、創新能力服務企業等。

其中設計研發服務企業包括各種企業化的設計院所、研究院所、研發外包企業等;技術改造服務業包括節能服務業、環保服務業、訊息化服務業等;創新能力服務業包括檢驗檢測、認證認可、質量管理、安全管理、戰略諮詢、人力資源、會計事務、法律事務等服務業。

(七)派發規則

主要有先到先得、隨機發放、系統發放、普遍發放等。先到先得就是先申請的企業首先獲得;隨機發放就是在所有申請企業中隨機分派,類似抽獎或北京市購車搖號;系統發放就是依靠科技局系統,根據管理部門推薦向企業發放;普遍發放就是直接向所有中小企業發放。需要注意的是,無論採取什麼規則發放,其共通性是無需專家評審。是否立項不由專家決定,而由需求決定;其效果也不由專家評價,而由市場評價。事實上,創新券項目如果採取專家評審,其成本會大大超過創新券面值,在經濟上也是不可行的。

有人認為,不搞專家評審不夠科學,導致優秀的項目被淘汰。這種看法是成問題的。就創新券政策來說,實踐時間較短,肯定有

許多不完善之處。但它不採取專家評審制，而把決定權交給市場，這不但不是毛病，反而是一大突破，即突破了對創新項目採取科學研究管理的失敗做法，實現了科學研究管理向創新管理的轉變。

建議中國直接向所有中小企業發放。各地也可以根據自己的實際情況規定門檻條件；也可以不規定門檻條件。

（八）項目週期

創新券項目週期一般為半年至一年，最低不少於三個月，最多不超過兩年。新加坡允許更改一次項目內容，但僅限一條。可更改內容包括結項日期、知識服務機構、預期結項成果等。鑒於創新的不確定性，建議採取新加坡的辦法，允許更改一次。

（九）報銷審核

創新服務完成後，知識機構憑券及相關材料到財政部門審核兌現。相關材料包括項目活動基本訊息，項目支出情況等。建議審核程序和標準從嚴掌握，必要時由財務專家評審。

有人認為，創新券與後補助是一回事，都是結項後才能兌現。這種認識是不準確的。後補助與創新券的政策導向是一樣的，但政策基礎、政策對象、政策工具、政策任務都不同，其中最重要的區別是後補助推動的是過去的創新，創新過程中沒有資助，創新過程完成以後才予以補助，補助以後還會不會發生創新並不一定；而創新券推動的是現在的創新，當創新券支持時創新還沒有發生，支持以後創新才發生。

有人認為創新券發放、兌現過程繁瑣，增加了行政成本和企業成本。其實，情況正好相反，創新券是非常簡單的。創新券的優勢和便捷之處，下文還會專門講到。當然，在一些地方的實際操作

中，確實存在繁瑣的毛病，但這不是創新券帶來的，而是穿新鞋走老路帶來的，即按老一套行政化的管理辦法，去申報、審核、發放、兌現創新券，結果把簡單的事情搞複雜了。

三、創新券的管理機構

創新券政策的實施，必須由專門的機構操作。就中國的情況來看，中央和地方都需要相應的管理機構。

（一）中央政府管理機構

創新券管理由中央政府主管創新的部門負責，具體由政府創新部門的司局或所屬非贏利機構負責。荷蘭創新券事務由荷蘭政府經濟事務部及其下屬的創新與可持續發展局管理；瑞士由瑞士創新促進機構（CTI）實施，該機構的職責是促進企業和高等院校之間的合作研發、知識和技術轉移；新加坡由貿工部及其下屬的標準、生產力與創新局（SPRING）主管。

建議中國中央政府成立創新券管理機構。決策機構是國家創新券管理委員會，由創新主管部門領導，相關部門參加；執行機構為國家創新券管理中心，可依託創新主管部門現有的相關管理中心，也可以建立新的機構。

中央政府創新券管理機構的職責是：政策總體設計和規劃，科技部門與經濟部門協調，創新券資金轉移支付。中國中小企業群體大、區域差異明顯，在政策對象、政策任務、政策工具等方面會產生一系列共通性問題，如科技資源貧乏地區創新券在科技資源富集地區使用，在財政制度上存在一定障礙；不同地區創新券不統一，使用、兌現存在一定障礙，需要提出統一解決方案；創新券政策涉

及政府、企業、科學研究院所、大學等多個主體，需要宏觀政策協調；老少邊窮地區經濟落後，財力不足，創新券資金需要中央財政轉移支付。

（二）地方政府管理機構

宿遷市設立了由市政府分管領導、科技局、財政局、發展改革委、經濟和訊息化委及各縣（區）、開發區（園區、新城）組成的市創新券管理委員會，專門負責全市創新券的政策制定、組織領導、監督管理，決定創新券政策實施過程中的有關重大事項。

管委會下設創新券管理委員會辦公室，具體負責管理委員會的日常事務、創新券的設計和運行監管，會同各相關部門研究確定創新券年度工作計劃及支持重點，擬訂和完善創新券管理辦法及其實施細則，完成管理委員會交辦的其他事項。

以市生產力促進中心為依託，成立市創新券營運管理中心，負責創新券日常營運和管理，具體辦理創新券的申請、發放、兌現材料受理及評審服務等工作。政府透過採購服務方式，支持其工作。

建議中國地方從本地實際出發，借鑑宿遷模式，根據國家相關政策，建立相應管理機構。

四、創新券的政策難點

（一）外資問題

創新券政策對外資能否開放？可以肯定地說，對於外資性質的服務提供方，應該完全開放，鼓勵外資機構和外國機構為中國中小企業服務。對需要創新服務的外資中小企業，國際上通行做法是有

條件開放，如新加坡規定，外資中小企業必須在新加坡註冊並實體存在，本地股權占30%以上。

建議對需要創新服務的外資中小企業開放，但在其註冊地、股權構成、創新發生地、解決本地就業程度、稅收貢獻水平等方面做出相應規定。

（二）預付問題

創新券的項目規模較小，一般不存在預付問題。但也有較大一些的創新券項目，對這樣的項目，當企業、知識機構缺少啟動資金時，創新券資金可否預付呢？新加坡允許預付，但預付金額不超過創新券全款的20%。

建議中國較大的創新券項目參考新加坡做法，允許部分預付。

（三）資源共享問題

當前創新券政策尚處於摸索階段，存在創新券資金用於購買設備的情況，但這並不是發展方向。創新券資金應該用於購買創新服務，而不是購買研發設備。但較大一些的創新券項目，如果有研發內容，所需要的儀器、設備、設施如何解決呢？方向是資源共享。

建議中央政府管理機構發布相應政策，規定：凡承擔創新券項目的創新服務單位，其科學研究儀器、設備、設施都應免費或優惠向該項目開放。

（四）人員激勵問題

創新券資金額度較小，能否調動知識機構和科學研究人員的積極性？回答是肯定的，但必須採取相應措施。建議：

第一，中央政府管理機構發布相應規定，知識機構和科學研究

人員每年必須有一定項目是為中小企業服務的，達不到標準，不得申報國家項目。這一點，是由創新券的政策基礎決定的。

第二，改革創新勞動薪酬制度。創新券金額的60%—80%作為創新勞動報酬，支付給科學研究人員等創新服務人員。

第三，引導創新服務機構從券外深度開發和接續開發中獲益。

（五）創新誠信問題

創新券政策的需求導向，解決了科技與經濟脫節的問題，但是否會產生另一個問題：企業與創新服務人員內外勾結，製造虛假創新，騙取創新券資金呢？的確存在這個風險，但這個風險是可以消除的。建議：

第一，項目公示，依靠廣大群眾全方位、全過程實時監督。

第二，信用評級，對優質服務的買方和賣方調高信用等級，優先支持。

第三，財政、質檢、審計、監察部門進入管委會，對創新券項目全程督察。對騙取創新券的企業和知識機構，註銷其創新券，追回騙取資金，在若干年內不再給予各級科技項目和政府各類獎補資金支持；嚴重者追究其法律責任。

（六）與預算制度兼容問題

創新券的投入方式，與現行預算制度存在不兼容之處，如由於創新券資金預算不能按時完成，容易造成資金占用成本過高或突擊花錢等問題。建議改革相應制度，允許創新券餘額向下年結轉，或採取基金制。

五、創新券的政策優勢

創新券政策的實施，從全世界來看，時間都還比較短，長期效果有待進一步的實踐和評估，但初步效果已經顯現。

（一）創新資金惠及中小企業

實行創新券政策後，很多國家和地區中小企業受益率都超過50%，高的可達70%、80%。奧地利申請創新券的中小企業，之前70%都得未得到過研發資助。自2012年9月以來，宿遷市科技創新券惠及一半規模以上工業企業，在領取科技創新券的900家企業中，年銷售額低於3000萬元的企業的比例達到93%，首次獲得市以上科技創新資金支持的企業的比例達到84%。2004年荷蘭「80%創新券獲得者表示如果沒有創新券其研究項目不會實施；87.3%創新券獲得者在計劃期內與研究機構簽署了合作協議，而同期未獲創新券的企業與研究機構的簽約比例僅為8.3%」。[20]

（二）科技成果惠及中小企業

新加坡G-Energy Global Pte公司用創新券向EWT-COI（Environmental and Water Technology Centre of Innovation）公司購買了技術支持服務，開發了網上監控能源消耗、網上監控建築和設備的效能的系統，節約了50%人力成本。使用這套系統的用戶能夠瞬間評估能源消耗模式，節約了30%能源消耗，大幅提高生產效率。

新加坡寶鮮然有機食品公司用創新券向新加坡理工學院（SP）購買了綠色食品技術可行性研究服務，開發出新產品寶鮮然三益粥，即含有不飽和脂肪酸、抗氧化劑和大量纖維的即食燕麥粥，該產品在香港、汶萊、馬來西亞和印度尼西亞等多個國家和地區熱

銷，年銷售額已突破百萬美元。

新加坡Red Lips公司用創新券向FIRC（Food Innovation Resource Centre）購買了技術支持服務，FIRC為其傳統產品娘惹糕開展了延長保質期的包裝技術研究，使該產品的保質期從1個月提升至6個月，迅速擴大了產品的銷售範圍，並走向海外市場。

宿遷楚霸體育器械有限公司原來製作工藝較為落後，拿到市科技局發放的「創新券」後，企業又配套資金50萬元建立專門的研發實驗室，在鑄造工藝和電鍍工藝上進行開發，四大車間全部用上了全自動的國內先進的生產線。一年後，公司產量猛增120%，吸引了10多個國際客戶，銷售利潤達到2000萬元。

（三）提高了知識機構為中小企業服務的積極性

創新券政策在中小企業和知識機構之間搭建了市場之橋，極大調動了大學和知識機構服務企業的積極性。透過創新券項目為宿遷市中小企業服務的知識機構，不僅包括省內高等院校，而且包括中科院、清華大學、復旦大學甚至還有來自海外的高等院校。

愛爾蘭國家工藝設計學院為了吸引持券企業向該學院尋求合作，對創新券的具體使用給出更多優惠，提出企業可以透過若干接續性的創新券，獲得大學為企業提供的持續改進方案；並在網上向企業展示其可以提供創新服務的具體領域，為中小企業尋求服務提供詳細訊息。荷蘭台夫特理工大學、恩荷芬理工大學則宣布，將為企業提供創新券面值一倍以上的科技服務。科學研究人員主動與企業聯繫，到生產一線尋找科學研究課題，並把科學研究資源導入企業創新活動。中小企業與大學、科學研究院所的關係由之前的求之不得，轉變為大學和科學研究院所的主動推介與服務。

（四）提高了公共創新資金的使用效率

凡是創新券支持的項目，都是企業急需的研發設計、技術轉移、技術改造、創新能力等服務；項目實施的結果，都給企業帶來了新思想、新技術、新管理和高附加值。項目從用戶需求中來，研究在企業生產中，不產生閒置的科學研究成果，更不存在成果產業化問題，這就從根本上消除了所謂科技成果轉化問題，最大限度發揮了研發資金的使用效率。

創新券的資金投入只能用於購買創新服務，消除了擠占、挪用、貪汙、浪費，避免了公共科技投入的流失。

創新券的資金在規定時間內如未使用，不會產生任何資金成本，避免了公共科技投入的浪費。

創新券引致大量創新投資，增加了企業和知識機構的創新收益，成倍放大了公共科技投入的效能，充分發揮了公共投入的槓桿效應。宿遷市共137個項目兌現了科技創新券1026萬元，帶動科技投入1.32億元，財政資金帶動企業研發投入效率達1：9.4，比預期的1：3高出213%。預計2013年全年創新券投入可以帶動科技投入3億元，提高全社會研發投入占GDP比重0.18個百分點。

六、創新券的政策趨勢

近年來，創新券政策在許多國家實施，從形式到內容都有了很多發展，出現了一些共同的趨勢。

（一）從「硬」創新向「軟」創新擴展

早期的創新券，其政策任務側重於技術創新等「硬」創新，現

在則擴大到「軟」創新方面，幾乎涵蓋全部知識和技能領域。政策對象也從製造業擴大到服務業。最典型的是新加坡的創新券。新加坡創新券計劃剛推出時，只包括技術創新領域，後來擴展至生產率、人力資源和財務管理等領域，名稱也從創新券改為創新與能力券。這是新加坡創新券的最大特色。

新加坡現行的創新券可以購買6大類技術領域的服務，包括技術研發、技術支持、技術培訓、知識產權診斷、知識產權法律診斷、市場分析等。

可以購買10大類生產率領域的服務，包括質量認證、安全分析和控制、管理改進、服務管理能力診斷、服務質量改進、暗訪調查、生產率診斷和監測、生產率提高、標竿管理、能源效率檢測和改進等。

可以購買6大類人力資源領域的服務，包括人力資源規劃、人才招聘與評選、員工薪酬福利、企業績效管理、員工培訓與發展、員工職業生涯管理等。

可以購買4大類財務管理領域的服務，包括計劃與預算、資金流動與營運資金管理、財務控制、財務評估和發展規劃等。

（二）從券內服務向券外服務擴展

早期的創新券，主要限於券內合約的內容，當前的趨勢是更注重券內合約達成前供需雙方的溝通、券內合約完成後的接續服務。

為了提高創新券項目的成功率，事先對合格服務提供單位進行認定，提供詳細的服務機構和服務項目目錄，以及具體聯繫人和聯繫方式，企業可透過網站訊息迅速與知識服務提供者對接。如新加坡2013年經過認定註冊的財務管理領域服務單位有12家，人力資源

領域23家，技術創新領域48家，生產率領域104家。這些服務單位以公司為主，公共服務機構只有二十餘家。長興縣創新券與上海研發公共服務平台合作，經上海平台認定註冊的服務機構達800多家，創新券政策剛一實行，長興縣就有20多家企業與服務提供者達成合作意向。

新加坡的創新券在券內項目完成以後，一些知識服務機構仍需提供跟蹤服務。如在人力資源領域，按結項要求，項目完成後，企業在3個月內可獲得5小時以上的跟蹤諮詢服務。又如技術創新領域的客戶洞察服務，結項報告中明確要求服務提供者要為企業制定跟蹤服務計劃。若在該領域企業仍有服務需求，則可申請其他資助項目，如工具包項目。工具包與創新券相比，服務內容更全面、系統。工具包項目包括顧客服務工具包、財務管理工具包、人力資源管理工具包、市場工具包以及生產力工具包。以人力資源管理工具包為例，其服務內容有：人力規劃；人才招聘與評選；員工薪酬福利；員工績效管理；員工培訓與發展；員工職業生涯管理；人才管理與繼任計劃；雇員關係。創新券項目與工具包項目的銜接，使企業可以獲得比創新券項目更綜合更深入的服務。

從中國的情況來看，新加坡工具包的做法可以借鑑。中國創新券還可考慮進一步與其他資助項目銜接。如一些小型項目，可由創新券完成；而一些大中型項目則應由國家計劃項目完成。對完成情況好，又有在本領域繼續創新需求的企業，可向國家計劃項目推薦。

（三）從週期性申請、報銷向即請即報轉變

早期的創新券，一般都是半年或一年申請、報銷一次，速度慢，效率低；當前的趨勢是即時申請、報銷，操作更便捷規範。

宿遷市的創新券，現在就可以做到隨時向市科技局提交材料申請，市科技局會同市財政局確定發放名單與金額，報管理委員會審批，由營運管理中心公示7天後發放。對於原屬於宿遷市新興產業引導資金、新興工業化專項資金等相關政策規定獎勵給企業的獎補類創新券，審批後由營運管理中心公示，按原渠道發放。

宿遷市的報銷速度也有了較大幅度的提高，每三個月報銷一次。尚未做到隨時報銷，但正在向月報銷努力。

（四）從重立項、輕結項向寬進嚴出轉變

早期的創新券派發是先到先得，或隨機發放，中國的創新券發放則透過管理部門行政推薦、審核。現在的趨勢則是寬進嚴出，即立項標準從寬掌握，不再搞行政或專家推薦、審核，凡有需求的企業都可以申請；但報銷標準從嚴掌握，嚴格遵守兌現程序。

宿遷市創新券申請過程更為簡單，所需手續簡便。2012年9月底，首批向500家中小企業企業零門檻、廣覆蓋發放了2500萬元科技創新券；2013年，面向400家中小企業，發放了2000萬元科技創新券；面向116家符合實施外向帶動戰略和中小企業轉型升級財政獎補規定的企業、園區、服務機構，發放1872.4萬獎補類科技創新券。長興縣創新券對所有中小企業都不設門檻，普遍發放。

但結項時，則要嚴格掌握標準。宿遷市責成市財政局作為全市創新券資金的監管部門，負責年度市創新券資金經費預算編制和創新券兌現。運營管理中心還會同市財政局成立由技術專家、管理專家和財務專家等組成和評審組，對創新券兌現材料進行初評。凡不符合國家財務規定和創新券項目合約要求的，一律不予報銷；凡創新券使用考核為優秀的企業在下期創新券發放中優先支持。

創新券政策在中國一些地方實施以來，有關地方政府，科技廳、委、局，廣大中小企業，眾多大學、知識機構和創新服務企業，響應熱烈，收效明顯。從全世界的範圍來看，政府增加對創新的投入都是很不容易的事，但長興縣一位副縣長卻說，創新券政策不怕企業花錢，而是怕花得不多。小小創新券何以有如此威力？原因就在於，它打破了傳統計劃項目體制，建立了以企業為主體的創新項目體制，即政府按照企業用戶需求安排創新計劃、配置創新資源，大學、科學研究院所和創新服務企業按照企業用戶需求開展創新活動，真正落實了黨的十八屆三中全會的改革精神。創新券政策很可能是新一輪科技體制改革的突破口，必將釋放出巨大的改革能量。

第十三章 創新券相關研究報告

一、用戶導向的政府創新投入政策——創新券

　　中小企業創新需求迫切，但經濟實力和創新資源有限，實際上很少有創新活動，是創新中的「弱勢群體」。因此，市場經濟國家都把促進中小企業發展特別是中小企業創新，作為公共政策的重點。近年來，歐洲一些國家實施的創新券政策有效地帶動了中小企業創新，值得借鑑。

　　（一）創新券及其使用方法

　　2004年以來，歐洲的荷蘭、義大利、比利時、愛爾蘭、斯洛文尼亞、瑞典、瑞士、希臘、奧地利等國相繼發布了創新券政策。荷蘭作為最早實行創新券政策的國家，僅2008年至今已經發放了2萬

多張創新券。

1.創新券的類型

根據各國的不同情況和不同標準，創新券可以分為不同類型。

單一券和聯合券。荷蘭、愛爾蘭等國採用這種分類。單一券又稱小額券，用來解決單個中小企業商業發展的技術問題。愛爾蘭一份單一券的價值是5000歐元，荷蘭小額券的最高面值2500歐元。聯合券又稱大額券，用來解決若干企業關注的共通性問題。愛爾蘭聯合券採取若干單一券聯合使用的方式，最多可將10家公司的單一券合併起來構成聯合券，最高價值可達50000歐元。荷蘭大額券則針對一個較大型項目，各參加企業聯合填寫一張表格申請補助金，其最高價值也為50000歐元。

基本券與擴展券。丹麥等國採用這種分類。基本券與擴展券是根據項目性質和政府出資比例而劃分的。基本券用於以研究為基礎的商業發展項目，確保知識從研究階段轉移到中小企業，40%由國家出資。擴展券提供給較大型的研發合作項目，用於找到現有問題的新的解決方法，25%由國家出資。

一般券與專項券。瑞士等國採用這種分類。一般券面向所有技術領域，專項券面向特定的技術領域。2009年瑞士創新促進機構（CTI）[21]推出中小企業創新券，面向所有技術領域，每張創新券7500瑞士法郎。之後，鑒於企業的積極反應，為促進本國清潔技術發展，2010年，進一步推出了兩個系列的創新券，第一個系列延續過去面向所有技術領域的形式，且面值保持不變；第二個系列則採用專項券的方式，專門給「清潔技術」領域的項目申請。

2.創新券的申報流程

申請資格。創新券是專門針對中小企業設立的，申請主體必須是中小企業，即雇員少於50人的企業。承接創新券項目的科學研究機構和大學一般僅限於公共或準公共科學研究機構與大學，以及一些大公司的研發機構。

申請方式。中小企業不需提供研究問題的詳細項目計劃，只需到指定網站填寫申請表格，透過電子郵件提交管理部門審核。

管理部門。創新券的管理一般由主管創新的部門或非營利機構負責。荷蘭由荷蘭政府經濟事務部下屬的創新與可持續發展局負責，瑞士由瑞士創新促進機構（CTI）實施。

派發規則。創新券一般按照先到先得或隨機方式分配。荷蘭第一輪創新券的派發是在申請首日遞交表格的1044家企業中隨機分派，類似抽獎或北京市汽車搖號機制。

報銷規定。完成科技服務後，科學研究機構憑券及相關材料到財政部門兌現。相關材料包括項目活動基本訊息，項目支出情況等。項目活動基本訊息包括公司名稱、提供服務的大學與科學研究機構名稱、項目開始時間、執行期、項目聯繫學院、部門及提供的項目活動總結；項目相關支出材料包括國內外差旅費、材料費及其他必要的附件。

（二）創新券的優勢

創新券政策的實施，到現在只有五、六年的時間，但效果較好，初步顯現了這項政策的優勢。創新券設立之初，提供創新服務的機構主要是公共科學研究服務機構。隨著實施的深入，提供服務的領域和機構逐步擴展。荷蘭在透過三輪試驗後，實施領域已由工業向其他行業拓展，研究機構的選擇範圍也由公共科學研究機構放

寬到準公共研究機構及一些有研究能力的大企業。創新券的優勢主要體現在以下幾方面。

1.發揮公共科技投入對中小企業創新的帶動作用

在市場經濟條件下，中小企業在公平競爭中往往面臨不公平的結果，完全靠市場無法解決創新資源的合理配置問題。中小企業是國民經濟的基礎，不僅解決了國家大部分就業，而且是國家創新能力的支撐。這就要求政府財政資金投入鮮明地體現公共性，不僅關注大企業、大項目，更要關注量大面廣的中小企業，在市場失靈的地方促進中小企業創新。創新券政策較好地發揮了政府公共投入對對中小企業創新的帶動作用。

中國是發展中國家，長期以來實行的是追趕型的政策，主要是集中財力、物力、人力解決「重點跨越問題」，這是完全必要的，也是非常有效的。但隨著市場經濟體制的建立和國力的增強，要注意從追趕型的特殊政策向創新券這種普惠型的公共政策轉變，防止損害公平的競爭和壟斷，解決自主創新中的「兩極分化」問題。

2.引導大學、科學研究院所為中小企業服務

透過創新券政策，政府為中小企業降低了創新投入成本，為大學和科學研究院所增加了技術服務收益；而且在中小企業和大學、科學研究院所之間搭建了市場之橋，極大地調動了大學和科學研究院所服務企業的積極性。愛爾蘭國家工藝設計學院為了吸引持券企業向該學院尋求合作，對創新券的具體使用給出更多優惠，提出企業可以透過若干接續性的創新券，獲得大學為企業提供的持續改進方案。並在網上向企業展示其可以提供創新服務的具體領域，為中小企業尋求服務提供詳細訊息。荷蘭台夫特理工大學、恩荷芬理工大學則宣布，將為企業提供創新券面值一倍以上的科技服務。科學

研究人員主動與企業聯繫，到生產一線尋找科學研究課題，並把科學研究資源導入企業創新活動。中小企業與大學、科學研究院所的關係由之前的求之不得，轉變為大學和科學研究院所的主動推介與服務。

3.提高政府研發資金的使用效率

凡是創新券支持的項目，都是企業急需的開發與諮詢、規劃與評估、測試與認證等內容；項目實施的結果，都給企業帶來了新技術和高附加值。這種研發，項目從用戶需求中來，研究在企業生產中，不產生閒置的科學研究成果，更不存在成果產業化問題，這就從根本上消除了所謂科技成果轉化問題，最大程度發揮了研發資金的使用效率。

創新券的投入和使用方式，使資金只能購買創新服務，避免了公共科技投入的流失；創新券在規定時間內如未使用，對公共科技投入不造成任何財務上的浪費；而且引導擴大了社會投資，增加了企業和大學、科學研究院所的創新收益，成倍放大了公共科技投入的效能。

（三）中國具備設立創新券的條件

中國中小企業數4000多萬，占全國企業總數的99%，是國民經濟的基本力量。但由於中小企業自身的經濟能力、科學研究水平所限，大多數中小企業沒有研發機構，對科技成果需求迫切但吸收能力有限。傳統領域中小企業創新能力不足問題更是突出。中小企業轉變增長方式、實現創新驅動，迫切需要公共政策支持。

中國對中小企業創新的資助目前基本上集中在對科技型中小企業的技術創新活動的支持，支持方式主要以無償資助、貸款貼息、

資本金投入等方式開展。對數量眾多的廣大中小企業，特別是傳統行業中小企業，還缺少有針對性的創新投入政策。創新券政策不失為一種好的選擇。

當前，中國已經具備了實行創新券政策的良好條件。

1.中國已經擁有世界最豐富的科技人力資源

豐富的科技人力資源為實行創新券政策提供了充分的人才基礎。2010年，中國科技人力資源總量達到5700萬人，本科及以上學歷科技人力資源總量達到2500萬人，研發人員超過255萬人年全時當量，三項指標均超過美國，位居世界第一位。出國留學人員是重要的人力資源，截至2010年年底，以留學身份出國在外的留學人員超過127萬人，中國已經成為世界上最大的留學生生源國。

在校本專科及以上學生是潛在人力資源。2010年，中國普通本專科在校生2232萬人，在學研究生154萬人。

2.中國已經擁有眾多的研發機構和科技中介機構

眾多的大學、科學研究院所為實行創新券政策提供了系統的組織基礎。2010年，中國有大學2538個，科學研究機構3696個，大中型工業企業研發機構16717個。

截至2010年年底，中國已成立技術交易服務機構2萬餘家，生產力促進中心2032家，國家級技術轉移示範機構134家，國家級科技企業孵化器346家。

3.中國已經擁有數量龐大的科技成果

大量的科技成果為實行創新券政策提供了深厚的技術基礎。2010年，中國專利授權81.5萬件，本國人發明專利授權量進入世界

前三位；PCT專利達1.2萬件，上升到世界第4位。2010年，中國科技論文被SCI數據庫收錄近13萬篇，上升至世界第二位。

許多領域都取得重大突破。2010年，國家主體性計劃實施12610項。取得重大科技成果42108項，國家級科技獎勵356項。

4.中國已經具有充裕的公共財力

充裕的財力為實行創新券政策提供了堅實的經濟基礎。中國已經超過日本成為世界第二大經濟體，2011年，在已公布數據的29個省份中，有 23 個省市的地方總產值過萬億，約占全國的2/3，而廣東則達到5.3萬億。全國財政收入超過10萬億。「十一五」期間，中國財政科技投入保持了年均25%以上的增長幅度，2010年，中央和地方財政科技撥款分別超過2000億，全社會研發經費達到7063億。

（四）關於中國實施創新券的政策建議

建議中國「十二五」期間實行創新券政策，先開展試點，在總結經驗的基礎上全面推行。

1.設立創新券專項基金

創新券專項基金資助所有類型中小企業的創新活動。國家基金來源於中央財政專項；地方基金來源於各省市區財政專項。基金結構以地方基金為主。

在制度設計上注重地方資金與中央資金的配合，中央財政更多的是造成資金的引導作用，大量資金由地方透過多種方式籌集。在創新券類型上，中央資金可以以聯合券、擴展券為主，地方資金則可以涵蓋全部券型。在創新券的使用上，各地可以根據實際情況，採取更靈活、更豐富的方式。

2.國家創新主管部門領導組織

根據國際經驗，該項工作均由國家科技或創新主管部門領導組織。創新券的實施歐洲雖然已有相對成熟的經驗，但中國中小企業群體大、情況複雜、區域差異明顯、技術承接能力弱，需要進行本地化設計，就資金支持規模、支持對象、支持方式、創新券形式、面值及資金籌措渠道等問題提出系統方案。

3.充分發揮科技服務機構的功能

中國中小企業量大面廣，單純依靠政府的服務不能滿足千差萬別的企業需求。必須大力發展創新服務業，充分發揮創新服務機構的功能，依託科技園、孵化器、各類生產力促進中心等創新服務機構實施創新券政策，由創新服務機構具體運作創新券基金，參與創新券設計、申請、審核、派發、評估、監管等全過程。

4.在中小企業密集、創新服務業先進地區先行試點

「十二五」前兩年，可以在中國東部地區選擇經濟發展條件較好、中小企業市場化程度較高、企業較密集的省份，或創新服務業比較先進的地區先行試點，如廣東、浙江等。在試行1—2年的基礎上，對創新券政策進行評估、調整、完善，爭取「十二五」末在全國鋪開。

二、宿遷市「創新券」的啟示

2004年以來，荷蘭、義大利、比利時、愛爾蘭、英國等歐洲國家相繼發布了創新券政策，將其作為一項重要的創新政策措施。創新券（innovation vouchers）政策是針對中小企業創新過程中面臨的

經濟實力不足、創新資源缺乏等瓶頸，由政府設計、向企業發放的一種「創新貨幣」，企業用創新券向大學、科學研究機構等研發人員購買科學研究服務，科學研究服務人員持創新券到政府財政部門兌現，從而調動大學和科學研究機構為中小企業服務的動力、提高企業創新能力，同時也促進了科技與經濟的緊密結合，提高了政府創新投入的效率。

透過借鑑國際上最新實踐和經驗，2012年9月，江蘇省宿遷市在全國率先實施了科技創新券制度，將政府的財政獎補資金轉化為「有價證券」，以無償補助的形式向企業發放。該政策實施近一年來取得良好效果，為中國推廣創新券政策、新科技政策工具提供了有益借鑑。

（一）宿遷市實施創新券政策的主要做法

為了保證創新券制度的正常推進，宿遷市2012年9月發布了《市政府辦公室關於印發宿遷市科技創新券實施管理辦法（試行）的通知》（宿政辦發〔20121194〕號），對管理機構及職責、資金來源及創新券形式、支持對象與方式、申請與發放、兌現程序與要求以及績效考核等作了專門規定。2013年2月，又以市長辦公會議紀要的形式，進一步明確了獎補類科技創新券的使用與管理規定。

1.宿遷市創新券的種類

按照資金來源和資助對象，宿遷市創新券分為兩類：一類是面向中小企業發放的科技類創新券，另一類是原資金獎勵政策「改良」的獎補類創新券。

一是科技類創新券。這類創新券是面向中小企業發放的，資金來源是由市、縣區從科技創新的財政撥款中成立專項資金進行資

助。其中，區財政與市財政按照5：5的比例進行資金配套，縣財政與市財政按照8：2比例進行配套。創新券每張面額1萬元，每個企業獲得創新券額度為5萬元。要求企業的配套資金比例最低是3倍。創新券的用途限定於本市企業用於向高等院校科學研究院所購買技術服務和技術成果、建設研發機構添置研發設備、技術開發、產品開發等。

二是獎補類創新券。宿遷市將政府的財政獎補資金轉化為以創新券的形式發放給企業、園區和科技服務機構，用來購買科技服務、技術成果、或者用於技術開發、產品開發、技術改造、訊息化建設和節能降耗中的科技創新相關投入；對於縣（區）、園區和科技服務機構，限用於產業技術研發平台、科技公共服務平台、科技孵化器、引進科學研究機構和服務能力建設。根據獎補類創新券的使用方向不同，需要不同比例的配套資金。縣（區）和園區配套資金要求1：5，企業用於用於技術改造、訊息化建設、節能降耗方面的，配套資金要求1：8，服務機構不需要配套。

2.創新券的組織管理

首先，為了創新券制度的順利實施，宿遷市實行聯席辦公制。宿遷市設立了由市政府分管領導市科技局，市財政局、發展改革委、經濟和訊息化委及各縣（區）、開發區（園區、新城）組成的市創新券管理委員會（以下簡稱管理委員會），專門負責全市創新券的政策制定、組織領導、監督管理，採取特事特辦、聯合審批模式確定創新券實施過程中的有關重大事項。其下設的創新券管理委員會辦公室（以下簡稱管委會辦公室），具體負責管理委員會的日常事務、創新券的設計和運行監管，會同各相關部門研究確定創新券年度工作計劃及支持重點，擬訂和完善創新券管理辦法及其實施

細則，完成管理委員會交辦的其他事項。

其次，以市生產力促進中心為依託，成立了市創新券營運管理中心（以下簡稱運營管理中心），負責創新券日常營運和管理，具體辦理創新券的申請、發放、兌現材料受理及評審服務等工作。政府透過採購服務方式，支持其工作。

3.創新券管理程序

首先，創新券透過以下兩個方式發放。面向中小企業的創新券由企業隨時向市科技局提交材料申請，市科技局會同市財政局確定發放名單與金額，保管理委員會審批，由營運管理中心公示7天後發放。對於原屬於宿遷市新興產業引導資金、新興工業化專項資金等相關政策規定獎勵給企業的獎補類創新券，按照原有渠道進行發放。例如，新興產業引導資金由市發改委確定發放名單與金額，報管理委員會審批，由營運管理中心公示後發放。

然後是創新券兌現程序。市財政部門負責創新券兌現的管理部門。獲創新券支持單位需提供項目活動基本訊息表，技術服務合約、交易合約或科學研究機構建設方案等，項目總結，創新成果證明，企業自籌配套資金證明，發票等項目支出情況證明。運營管理中心會同市財政局成立由技術專家、管理專家和財務專家等組成的創新券專家評審組，對創新券兌現材料進行初評。管理委員會根據初評意見，研究討論並出具科技創新確認書。

4.創新券監督績效考核

由市財政局作為全市創新券資金的監管部門，負責年度市創新券資金經費預算編制和創新券兌現，對創新券資金使用情況進行監督、檢查和績效評價。市財政局會同相關管理部門對創新券使用情

況進行績效評價，考核為優秀的企業可以在下一期創新券發放工作中優先支持。管理委員會對騙取創新券的企業和科學研究機構，註銷其創新券，追回騙取資金，在三年內不再給予各級科技項目和政府各類獎補資金支持，並保留追究其法律責任的權利。各縣（區）、開發區的科技、財政部門以及市創新券管理中心應定期向市科技局、市財政局報告創新券使用情況。

（二）宿遷市創新券實施成效

自2012年9月以來，分三批向1016家企業、園區、服務機構，下發了6372.4萬元科技創新券，惠及一半的宿遷市2012年規模以上工業企業，並取得良好成效。

科技類創新券主要面向中小企業發放，擴大了創新政策的普惠性。較大範圍地對中小企業創新活動進行了支持。例如，2012年9月底，首批向500家中小企業企業零門檻、廣覆蓋發放了2500萬元科技創新券；2013年，面向400家中小企業，發放了2000萬元科技創新券；面向116家符合實施外向帶動戰略和中小企業轉型升級財政獎補規定的企業、園區、服務機構，發放1872.4萬獎補類科技創新券。在領取科技創新券的900家企業中，年銷售額低於3000萬元的企業的比例達到93%，首次獲得市以上科技創新資金支持的企業的比例達到84%。

創新券引導企業加大科技創新投入，提高了財政科技投入的引導作用。目前宿遷市共137各項目兌現了科技創新券1026萬元，帶動科技投入1.32億元，財政資金帶動企業研發投入效率達1∶9.4，比預期的1∶3高出213%。預計2013年全年創新券可以帶動科技投入3億元，提高全社會研發投入占GDP比重0.18個百分點。

創新券有效地加速科技成果轉化，促進產學研更加緊密合作。

從已經領取創新券的企業來看，與企業開展產學研合作的高等院校不僅包括省內高等院校，而且包括中科院、清華大學、復旦大學甚至還有來自海外的高等院校。透過創新券政策的實施，政府為中小企業降低了創新投入成本，促進了中小企業和大學、科學研究院所之間的合作，調動了高等院校、科學研究院所服務企業的積極性，有效地促進了以企業為主體的產學研合作。

（三）宿遷市創新券的主要特色

與國外相比，宿遷市根據自身實際對創新券政策進行了積極探索和改革：

一是，豐富創新券的支持內容。從國外實踐來看，創新券主要是對企業購買研發服務的支持，也有一些國家擴展到購買專業知識和服務的領域。例如，新加坡將創新券發展為創新與能力券，支持創新、生產力、人力資源和金融管理等四個領域的服務，提升小企業競爭力。但宿遷市是將研發的「軟性」服務擴展到科學研究機構建設、購買研發設備、共通性技術平台建設等「硬性」領域。這與宿遷市經濟科技相對落後有關。宿遷市處於蘇北腹地，是在四個省級貧困前基礎上設計的地級市，企業自主創新能力普遍較弱，高新技術產業僅占規模以上工業產值的18.7%，企業研發機構建設水平較低，沒有一家省級產業研究院或重點實驗室。創新券的發放一定程度上帶動企業加強科學研究機構建設，提高創新水平。

二是，擴大創新券涵蓋的對象範圍。國外的創新券主要是針對的是中小企業，企業用創新券向公共或準公共科學研究機構與大學以及一些大公司的研發機構購買科學研究服務，基本上範圍是本國或本地區的企業和研發機構。宿遷市支持的主要是本地區企業，但不僅包括科技部門向中小企業發放的科技類型創新券，還包括工

信、發改部門向規模較大的企業發放的獎補類創新券。在提供科學研究服務的科學研究機構和大學,沒有地域限制。主要是因為宿遷市科技創新資源匱乏,全市無一所真正意義上的本科院校,無一所省級以上的科學研究院所。因此,引入科技資源是現實的一種選擇。

三是,創新組織監管機制。創新券制度是一個以信用為基礎的系統工程,涉及到科技、財政、產業等各部門和企業、研發機構、科學研究人員、管理機構等各個方面,其價值實現是以社會誠信體系為基礎的。在國外,為了提高創新券的使用效率,一般採取兩個方式進行操作:一個是資格認證,對取得創新券的中小企業和能夠提供研發服務的研發機構和大學進行資格認證,保證研發服務質量;另一個是政府組織溝通洽談,對中小企業和科學研究機構、大學進行主動地聯繫和協商,保證創新券的有效使用。宿遷市主要是透過發放前的公示確保創新券的發放合理,發放後的監督管理和擇優滾動支持,提高創新券的科學、規範使用。

四是,簡化申報過程。在國外,創新券的申請和兌現一般是一年為週期。相比較而言,宿遷市申請過程更為簡單,所需手續簡便。目前,宿遷市創新券屬於隨時申請,季度兌現,並正在研究考慮月度兌現。中小企業向市科技局申請發放,申報程序簡單,申報材料也較為簡單。同時,管理部門利用報紙、電視、網站、微博等社會媒體進行了廣泛宣傳,透過集中培訓、上門輔導、現場答疑、制度範本等方式,確保創新券政策的成效。

(四)對中國推廣創新券政策的啟示與建議

1.在全國範圍試點推廣創新券政策

近來,中國國務院多次強調要建立以企業為主體的技術創新體

系，並成為中國科技體制改革的一個重要方向。從國外和宿遷市實踐來看，創新券制度強化了企業的創新主體地位。創新券項目研發內容完全是由企業主導的。企業從自身需求出發，針對急需解決的技術瓶頸、急待轉化的科技成果，項目不產生閒置的科技成果，改變了以往企業要獲得項目支持必須跟著申報指南走的狀況。同時，中國中小企業數量眾多，占全國企業總數的99%。中小企業轉變增長方式、實現創新驅動，迫切需要公共政策支持。因此，推廣以中小企業為重點對象的創新券政策，對於擴大創新政策涵蓋面、促進科技成果轉化和提高財政科技投入效率具有重要意義。建議在全國挑選典型省市進行試點，並適時推廣。

2.加強科學設計和合理規劃

創新券政策實施的效果，與科學合理的規劃與設計密切相關。雖然創新券的實施歐洲雖然已有相對成熟的經驗，宿遷市等也進行了積極探索，但中國中小企業群體大、區域差異明顯，需要進行多樣化的設計，結合各地方科技、經濟發展的實際情況，就資金支持規模、支持對象、支持方式、創新券形式、資金籌措渠道等問題提出科學系統方案，並建立誠信體系和監督機制，確保政策順利實施。

3.強化政府引導服務職能

從國內外實踐來看，推行創新券是一個複雜的系統工程，涉及政府、企業、科學研究院所、大學等多個主體，資金、人才、創新成果、政策等多種要素相互交叉。因此，需要政府充分發揮組織協調職能，不僅需要重視創新券與原有政策之間的協調配合，重視財政、科技等不同管理部門的統籌，更要強化政府的服務職能，加大宣傳和指導作用，提高創新券的使用率和使用質量。

4.要以推動科學研究服務業發展為重點

中國擁有數量眾多的科學研究院所和高等院校，擁有世界上規模最大的科技人力資源隊伍，促進科技服務業發展是中國未來發展的一個重要方向。中小企業使用創新券購買技術服務的過程中，也有效地帶動了研發、設計、諮詢的科技服務業的發展。而且從國外經驗來看，購買研發服務等也是創新券的根本和初衷。因此，建議在中國推行創新券時，特別是在先進地區，應以購買研發、設計、諮詢等科技服務為主，與科技服務業發展相協調。

三、新加坡創新券實踐及對中國的政策價值 [22]

創新券最早在歐洲實行 [23]，迅速擴展至世界各地，有效促進了中小企業與知識技術部門合作及知識產品商業化，增強了中小企業創新績效，具體做法也更加豐富和完善。為適應經濟全球化和知識化要求，提高企業附加值，推動產業升級，2009年新加坡標準、生產力與創新局 [24]（SPRING）也推出了創新券計劃 [25]。SPRING向中小企業公布可提供知識服務的機構 [26]名錄，中小企業從名錄中挑選服務單位並與之簽署協議，共同完成創新項目。完成後，由服務單位攜結項資料到SPRING結項，並按創新券金額兌換現金。新加坡創新券與歐洲創新券相比，有不少發展，對中國創新券設計有參考價值。

（一）創新券的使用領域

與歐洲最早的創新券相比，新加坡創新券使用領域更加廣泛。2009年創新券計劃剛推出時，只包括技術創新領域，2012年後擴展至生產率、人力資源和財務管理等領域，全面提升中小企業能力。

1.技術創新領域

中小企業可用創新券購買以下6項服務：①技術可行性研究。新技術評估；早期研發和樣機研究；採用和研發新產品或新工藝等；現有產品或工藝的升級。②技術支持。產品設計與開發；工藝流程設計、開發與升級；對調查結果進行測試、評估和檢驗。③技術知識開發。為有技術需求的公司制定具體的培訓課程，如技術能力升級研討會與培訓課程。④知識產權業務診斷。知識產權價值鏈分析，知識產權優先順序，使用IPMP[27]框架從戰略方法、管理實踐及效果等方面進行知識產權管理評估，並對操作環境進行SWOT分析。⑤知識產權法律診斷。診斷方法同④，但側重點不同，更注重檢查企業在法律方面的漏洞。⑥客戶心理洞察。瞭解企業所面臨的困難，熟悉企業業務和宏觀業務環境，進行預診斷；收集關於客戶心理的訊息，對當前客戶群體進行定性研究；鞏固分析結果，至少建立兩組能切中要害的客戶發展路線圖；為企業找機會，給企業提供發展建議。

2.生產率領域

中小企業可購買以下10項服務：①ISO9001[28]認證。為首次認證的企業提供諮詢服務，使其完成認證。②危害分析及關鍵點控制。對原料、關鍵生產工序及影響產品安全的人為因素進行分析，確定加工過程中的關鍵環節，建立、完善監控程序和監控標準，採取規範的糾正措施。如檢查企業當前的流程和文件，確定改進的地方；明確食物生產的關鍵領域並進行優先控制；在食品安全、食品加工衛生和質量保障上，對員工進行培訓；為提高食品安全管理效率，建立首要項目和標準作業程序（SOPs[29]）文檔；修改流程並提出建議等；最終協助企業獲得一種食品安全證書（SAC　DOC　2

HACCP）[30]。③中小企業能力改進。用SMART工具 [31]（面向結果的中小企業管理行為）評估企業管理能力；分析卓越企業框架下的優劣勢及需要改進的地方；優先解決發現的問題；制定路線圖提高企業生產效率。④服務診斷。評估企業服務管理能力；找出企業的優劣勢；確定需優先解決的問題；制定路線圖提高企業服務管理能力。⑤暗訪調查。制定暗訪內容；進行兩輪暗訪調查，每輪至少調查四次；分別提供調查結果；根據結果分別找出企業要改進的地方，提高服務質量。⑥服務改進。找出影響服務質量的最大問題，如人員不夠、專業知識缺乏、排隊時間長等；對發現的問題進行現場觀察、暗訪或其他相關調查；找出解決問題的突破口；明確可改進的地方和預期效果；制定並執行行動方案；進行第二輪調查；總結結果並制定下一步目標。⑦生產率診斷和監測。用IMPACT框架[32]分析公司層面的生產率指標和生產率貢獻領域；找出企業在該方面的優劣勢及確定需優先解決的問題；根據關鍵指標跟蹤和監測生產率；制定生產率提高路線圖；為企業開發生產率測度系統。⑧生產率提高項目。檢查現有工藝流程；評估當前的生產率績效；推薦提高生產率的具體措施；制定詳細的執行路線圖；透過供應鏈和存貨管理、工藝改進、設施布局等降低成本與損耗，提高設備、空間使用及勞動生產率等。⑩標竿管理。為企業建立基準測試小組；明確標竿管理的重要流程和企業關鍵生產率指標；根據生產率指標評估當前企業生產率；明確收集的訊息及收集方法；確定標竿公司；為企業制定路線圖。⑩能源效率檢測。最少進行5至30天的能源效率檢測，將績效指標與標竿公司對比，根據調查結果提出提高能源利用率的建議；建議應包括設備改進、操作與管理和能源效率等方面。

3.人力資源領域

新加坡多數中小企業沒有專門的人力資源體系，針對這種特殊情況，創新券增加了人力資源領域的諮詢服務。具體有6個項目：①人力規劃。根據當前企業用工情況，做出合理的人力規劃。②人才招聘與評選。根據當前員工能力、數量和工作流程評估員工需求，並透過多種招聘方法和最佳人才選擇工具評選出最佳員工。③員工薪酬福利。提供詳細的薪酬激勵和員工管理諮詢服務。④企業績效管理。檢查完善企業的考評體系和關鍵業績指標（如定標器評級系統），建立績效與獎金、晉升、轉換和職業發展之間的關係。⑤員工培訓與發展。⑥員工職業生涯管理。

4.財務管理領域

中小企業的財務管理諮詢也是新加坡創新券的擴展領域。創新券可以購買以下4項財務服務：①計劃與預算。幫助中小企業做好計劃與預算，提高總體業務和財務管理水平。②資金流動與營運資金管理。診斷出中小企業流動資金和運營資金以及內部控制上的問題，並制定相應對策。③財務控制。幫助企業找到財務缺口，實施控制措施，提高資金周轉率。④財務評估和發展規劃。針對企業擴張計劃，評估財務需求。

從以上內容看，新加坡的創新券在「硬」創新方面，即創新領域的技術可行性研究、技術支持、技術知識開發等與歐洲最初創新券相似。在「軟」創新方面，即創新領域的知識產權業務診斷、知識產權法律診斷、客戶心理洞察以及生產率領域、人力資源領域和財務管理領域，有大量拓展。支持「軟」創新能夠提高產品與服務質量，節約成本提高企業績效。這是新加坡創新券的最大特色。

（二）創新券的使用方法

新加坡創新券實施後，不僅服務領域和內容有很大擴展，使用

方法也更加完善，在申請程序、資金使用、內容更改、結項要求、跟蹤服務等方面，都有改進或深化。

1.申請程序

在新加坡註冊並實體存在、擁有30%以上本地股權、年銷售額不超過1億美元或全體雇員不超過200名的中小企業，均可向SPRING申請。

SPRING在網站上公布提供服務的知識機構名錄，中小企業就項目提前與知識服務提供者[33]溝通，雙方達成協議後，知識服務機構協助中小企業透過創新券門戶網站[34]在線提交申請，2個工作日通知結果。

自2011年10月3日起，企業可隨時提交申請。一次只能申請1張，結項後，申請下一張。同一個領域，1年內最多只能申請2張。

未按規定要求日期結項的企業，1年內禁止申請創新券。

2.資金使用

創新券面值為5000美元，有效期為6個月，可用來購買名錄裡任一項服務。項目支出超出創新券面值的，超出部分由企業自行承擔。支出不足面值的，結項時實報實銷。

除一次性付款方式外，還允許知識服務者有首付要求，但首付不應超過全款的20%。

在創新券計劃實行初期，面值僅為5000新元，企業申請成功後，可單獨使用，也可在同一家知識機構與10家以內的非親屬企業[35]所申請的創新券聯合使用。初期的這種聯合使用功能，與歐洲創新券中的「聯合券[36]」相似，但擴展為創新與能力券後，不可

聯合使用。這種調整對於新加坡的經濟結構可能是合適的，對其他國家並不一定適用。

3.內容更改

項目申請被批准後，內容允許更改1次，但僅限1條。可更改內容包括結項日期、知識服務機構、預期結項成果等。結項日期更改，企業需在截止日期5日前，提交延期申請，被通過者結項日期會順延6個月。

4.結項資料

項目完成後，由企業和知識服務機構共同向SPRING提交結項資料。每個領域的結項資料都有明確要求，大致分為結項報告、諮詢時間證明和PPT，結項報告需雙方簽字生效。

1）創新領域。創新領域的6項服務可根據服務內容和結項資料分為技術開發（技術可行性研究、技術支持、技術知識開發）、知識產權診斷（知識產權業務診斷、法律診斷）和客戶心理洞察3類，每類資料詳見下表。

表3-1 創新領域服務項目結項資料要求

項目	諮詢時間證明	項目報告	PPT
技術開發	時間、地點、參加人員、討論內容、雙方簽字	企業與知識機構共同提供的解決方案	
IP企業、法律診斷		戰鬥戰術選擇；建議或路線圖等	業務價值鏈分析、IP優先順序、IPM評估、SWOT分析、戰術選擇、建議
客戶心理洞察		項目目標、分析結果、顧客路線圖、項目建議、結果反饋及後續計畫等	

①公司文件，指申請創新券的公司名稱、創新券編號、創新券服務項目、起止日期等。

2）生產率領域。生產率領域有10項服務，根據服務內容和結項資料的特點，可將其分為證書認證（ISO9001、SAC　DOC　2　HACCP）、卓越服務（服務診斷、暗訪調查、服務改進）、效率提高（SMART、生產率診斷和測量、生產率提高項目、標竿管理、能源效率檢計）3類，下表為每類結項資料的具體要求。

表3-2 生產率領域服務項目結項資料要求

項目	諮詢時間證明	項目報告	PPT
證書認證類	時間、地點、參加人員、討論內容、雙方簽字（大於40小時）	公司文件①，服務目的，企業診斷報告與建議，執行計劃，認證證書等	PPT由SPRING選擇公司或知識服務機構舉行，內容為項目報告
卓越服務類		公司文件，服務目的，公司診斷結果與建議，審查結果，執行進度，甘特圖等	
生產率管理類		當前生產率評估，主要貢獻指標，生產率提高路線圖，標竿公司，甘特圖等	

3）人力資源領域。人力資源領域有6項服務，根據服務內容和

結項資料特點，分為人才選拔（人力規劃、人才招聘與選拔）薪酬福利（員工薪酬福利、績效管理）與員工管理（員工培訓與發展、員工職業生涯管理）3類，具體結項資料見下表。

表3-3 人力資源領域服務項目結項資料要求

項目	諮詢時間證明	診斷報告	項目報告	跟蹤諮詢
人才選拔類	時間、地點、參加人員、討論內容、雙方簽字（大於25小時）	項目正式開始前，診斷出公司在具體區塊的優劣勢及需改進的地方	診斷結果；評估公司當前和未來的人力需求（具體的技能與人數）；招聘計劃；職位描述；申請方法；勞動合約；一個全面的人力資源規劃政策等	項目結束3個月內5小時以上的跟蹤諮詢服務證明
激勵保障類			診斷結果；合理的工資結構；完善的員工福利（醫療、離職等）；多樣化的獎金計劃；完善的評價體系和關鍵業績指標；績效與獎金、晉升或輪崗之間的密切關係；一個全面的薪酬福利政策等	
員工管理類			診斷結果；員工培訓方案；關鍵崗位的職業規劃；員工手冊的影印件；勞動合約或協議；一個全面的職業管理政策等	

4）財務管理領域。財務管理領域結項內容為諮詢時間證明和項目報告，具體結項資料見下表。

表3-4 財務管理領域服務項目結項資料要求

項目	諮詢時間證明	項目報告
計劃與預算	時間、地點、參加人員、討論內容、雙方簽字（大於25小時）	公司文件；項目目標；公司需求診斷；建議；詳細執行計劃及操作流程等。
資金流動與運營資金管理		
財務控制		
財務評估		

5.跟蹤服務

結項後，一些知識服務機構仍需提供跟蹤服務。如在人力資源領域，按結項要求，項目完成後，企業在3個月內可獲得5小時以上的跟蹤諮詢服務。又如創新領域的客戶洞察服務，結項報告中明確

要求服務提供者要為企業制定跟蹤服務計劃。

（三）創新券初步評價

新加坡創新券實行時間還比較短，長期效果有待進一步的實踐和評估，但短期效果已經初步顯現。

1.使用效果

1）提高了企業績效。G-Energy Global Pte 公司用創新券向EWT-COI（Environmental and Water Technology Centre of Innovation）公司購買了技術支持服務，開發了網上監控能源消耗、網上監控建築和設備的效能的系統，節約了50%人力成本。使用這套系統的用戶能夠瞬間評估能源消耗模式，節約了30%能源消耗，大幅提高生產效率。

2）擴大了產品市場。如生產傳統娘惹糕[38]的Red Lips 公司用創新券向FIRC（Food Innovation Resource Centre）購買了技術支持服務，FIRC為其開展了延長保質期的包裝技術研究，使產品的保質期從1個月提升至6個月，迅速擴大了產品的銷售範圍，並走向海外市場。

3）為企業提供外部技術源。新加坡寶鮮然有機食品公司用創新券向新加坡理工學院（SP）的食品創新與資源中心購買了生產綠色食品技術可行性研究服務，開發出新產品Otrimix，即目前市場上暢銷的寶鮮然三益粥，是含有不飽和脂肪酸、抗氧化劑和大量纖維的即食燕麥粥，該產品在香港、汶萊、馬來西亞和印度尼西亞等多個國家和地區熱銷，年銷售額已突破百萬美元。

2.政策拓展

1）服務涵蓋範圍廣。從創新券到創新與能力券，該計劃的服

務領域從單一的技術創新領域擴展至生產率、人力資源和財務管理三個領域。企業受益率從50%快速提升至70%，這些企業遍布生物醫學、化學材料、電子工業、工程服務、環境保護、食品、訊息科技、物流和交通運輸等行業。

2）服務資格認定。企業在創新券申請網站上查詢到的知識機構，均為創新券計劃註冊單位。SPRING提前認定合格服務單位，隨後詳細公布各單位提供的服務項目、具體聯繫人和聯繫方式，企業可透過網站訊息迅速與知識服務提供者對接。到目前[39]為止，經過註冊的財務管理領域服務單位有12家，人力資源領域23家，技術創新領域48家，生產率領域104家。這些服務單位以公司為主，公共服務機構只有二十餘家。

3）操作便捷規範。透過門戶網站申請，2個工作日獲知結果，申請快速；企業可向知識機構支付全款的20%作為首付金，付款方式靈活；每個項目都有詳細的結項要求，操作規範。

4）與其他項目相銜接。企業在一個領域只可申請2張創新券，但若在該領域仍有需求，則可申請SPRING的其他資助項目，如工具包項目。工具包項目包括顧客服務工具包、財務管理工具包、人力資源管理工具包、市場工具包以及生產力工具包。以人力資源管理工具包為例，其服務內容有：人力規劃；人才招聘與評選；員工薪酬福利；員工績效管理；員工培訓與發展；員工職業生涯管理；人才管理與繼任計劃；雇員關係。人力資源管理工具包與創新券的人力資源服務領域相比，更加全面。創新券項目與工具包項目的銜接，使企業可以獲得比創新券項目更綜合更深入的服務。

（四）對中國創新券設計的建議

2012年我院研究人員曾對歐洲創新券[40]開展研究，建議在中

國設立專項基金，並由國家創新主管部門領導組織，充分發揮科技服務機構的功能，在中小企業密集、創新服務業先進地區先行試點。之後，江蘇宿遷、上海楊浦、哈爾濱香坊等地陸續實行了創新券計劃。

根據新加坡創新券的實踐，本文對中國創新券的設計進一步提出以下建議：

1.服務內容應包括所有創新服務

中國擁有科技人力資源近7000多萬人，高等院校2538所，科學研究機構3696所，大中型工業企業研發機構16717所，外部知識源豐富，建議中國創新券設計應包括設計研發服務、技術轉移服務、技術擴散服務、創新能力服務。其中創新能力服務包括戰略諮詢、投融資和財務管理、法律事務、人力資源等領域。

2.形式及面值

建議中國創新券設計為「單一券」和「聯合券」。「單一券」指專門提供單個企業申請的小面值創新券，建議最低面值5000元，有效期為3至6個月；「聯合券」[41]指提供多個企業（最多十家企業）聯合申請的大面值創新券，建議最低面值5萬元，最高10萬元，有效期為1年。

3.企業的資金配套

小面值券建議不要求企業配套，大面值券建議配套超過創新券面值1倍以上的資金。

4.創新券與其他項目的關係

建議創新券與中國其他資助項目分工明確並銜接到位。如一些

小型項目，可由創新券完成；而一些大中型項目則應由國家計劃項目完成。但對完成情況好，又有在本領域繼續創新需求的企業，可向國家計劃項目推薦。

附表：

表一 中國主要自主創新政策條款

	具體措施	出處
激勵對研發與創新的投資	1.繼續執行《國務院辦公廳轉發國家經貿委關於鼓勵和促進中小企業發展若干政策意見的通知》中規定的對符合條件的中小企業信用擔保機構免徵三年營業稅的稅收優惠政策。 2.開展貸款擔保業務的擔保機構，按照不超過當年年末責任餘額的1%的比例以及稅後利潤的一定比例提取風險準備金。風險準備金累積達到其註冊資本金30%以上的，超出部分可轉增資本金。擔保機構實際發生的代償損失，可按照規定在企業所得稅稅前扣除。 3.對主要從事中小企業貸款擔保的擔保機構，擔保費率實行與其運營風險成本掛鉤的辦法。基準擔保費率可按銀行同期貸款利率的50%執行，具體擔保費率可依項目風險程度在基準費率基礎上上下浮動30%、50%，也可經擔保機構監管部門同意後由擔保雙方自主商定。	《關於加強中小企業信用擔保體系建設意見的通知》國辦發[2006]90號
	1.中國進出口銀行設立支持高新技術企業發展特別融資帳戶，初始規模為50億元人民幣，由進出口銀行發行債券籌集。根據業務發展需要，特別融資帳戶還可以透過進出口銀行發債、接受外部資金委託等方式獲得後續資金。 2.特別融資帳戶採取直接投資和間接投資模式。進出口銀行不僅可以透過直接方式，還可以用該帳戶內資產與外部投資者發起設立新創業風險投資機構，以間接投資方式支持中小企業發展。	《中國進出口銀行支持高新技術企業發展特別融資帳戶實施細則》進出銀函[2006]120號

續表

	具體措施	出處
激勵對研發與創新的投資	1.高新技術項目軟貸款的利率在中國人民銀行規定的同檔次貸款基準利率上准許下浮，利率下浮比率和利率結構安排視項目科技含量和風險控制能力靈活制定，原則上最大下浮幅度不得超過中國人民銀行的規定。軟貸款合約期內的利率調整按照國家和開發銀行的有關規定執行。 2.對列入國家重大科技專項、國家863計劃、國家科技支撐計劃的項目，軟貸款的利率可以在中國人民銀行規定的利率最大下浮幅度基礎上再下浮10%。	《關於印發〈國家開發銀行高新技術領域軟貸款實施細則〉的通知》開行發[2006]399號
加強企業研發與創新活動	1.對財務核算制度健全、實行查帳徵稅的內外資企業、科研機構、大專院校等，其研究開發新產品、新技術、新工藝所發生的技術開發費，按規定予以稅前扣除，同時允許再按當年實際發生額的50%在企業所得稅稅前加計扣除。 2.自2006年1月1日起，國家高新技術產業開發區內新創辦的高新技術企業，自獲利年度起兩年內免徵企業所得稅，免稅期滿後減按15%的稅率徵收企業所得稅。	《關於企業技術創新有關企業所得稅優惠政策的通知》（財稅[2006]88號）
	1.2008年1月1日至2010年12月31日，對符合條件的科技園/孵化器自用及無償或透過出租等方式提供給孵化企業使用的房產、土地，免徵房產稅和城鎮土地使用稅；對其向孵化企業出租場地、房屋以及提供孵化服務的收入，免徵營業稅。	《關於國家大學科技園有關稅收政策問題的通知》（財稅[2007]120號）《關於科技企業孵化器有關稅收政策問題的通知》（財稅[2007]121號）

續表

	具體措施	出處
支持中小企業和創業企業的研發與創新	1.科技企業孵化器（高新技術創業服務中心）是以促進科技成果轉化、培養高新技術企業和企業家為宗旨的科技創業服務機構。其主要功能是以科技型中小企業為服務對象，為入孵企業提供研發、中試生產、經營的場地和辦公方面的共享設施，提供政策、管理、法律、財務、融資、市場推廣和培訓等方面的服務。 2.國家高新技術創業服務中心自認定之日起，一定期限內免徵營業稅、所得稅、房產稅和城鎮土地使用稅。 3.根據《中華人民共和國中小企業促進法》，各地政府及其相關部門應在規劃、用地、財政等方面為創業中心提供政策支持。	《關於印發〈科技企業孵化器（高新技術創業服務中心）認定和管理辦法〉的通知》國科發高字[2006]498號
	1.中小企業技術開發費稅前扣除。 2.中小企業投資建設屬於國家鼓勵發展的內外資項目，其投資總額內進口的自用設備，以及隨設備進口的技術和配套件、備件，免徵關稅和進口環節增值稅。	《關於印發〈關於支持中小企業技術創新若干政策〉的通知》發改企業[2007]2797號
	1.科技型中小企業創業投資引導基金（簡稱引導基金）專項用於引導創業投資機構向初創期科技型中小企業投資。資金來源為中央財政科技型中小企業技術創新基金，以及從所支持的創業投資機構回收的資金和社會捐贈的資金。 2.引導基金的支持對象為：在中華人民共和國境內從事創業投資的創業投資企業、創業投資管理企業、具有投資功能的中小企業服務機構，及初創期科技型中小企業。	《財政部科技部關於印發〈科技型中小企業創業投資引導基金管理暫行辦法〉的通知》財企[2007]128號

續表

	具體措施	出處
支持中小企業和創業企業的研發與創新	創業投資企業採取股權投資方式投資於未上市中小高新技術企業2年以上（含2年），凡符合以下條件的，可按其對中小高新技術企業投資額的70%抵扣該創業投資企業的應納所得稅：①經營範圍符合《辦法》規定，且工商登記爲「創業投資有限責任公司」，「創業投資股份有限公司」等專業性創業投資企業。②遵照《辦法》規定的條件和程序完成備案程序，經核實投資運作符合規定。③創業投資企業投資的中小高新技術企業職工人數不超過500人，年銷售額不超過2億元，資產總額不超過2億元。④創業投資企業申請投資抵扣應納所得稅時，所投資的中小高新技術企業當年用於高新技術企業及其產品研究開發經費須占本企業當年總收入的60%以上（含60%）。	《財政部國家稅務總局關於促進創業投資企業發展有關稅收政策的通知》財稅[2007]31號
支持特定產業和技術領域中的研發與創新	國家高技術產業發展項目（簡稱「國家高技術項目」）資金來源包括項目單位的自有資金、國家補貼資金、國務院有關部門或地方政府配套資金、銀行貸款，以及項目單位籌集的其它資金。項目資金原則上以項目單位自籌爲主，國家採用資金補貼方式予以支持，包括投資補貼和貸款貼息補貼兩類。	《國家高技術產業發展項目管理暫行辦法》國家發改委令2006年第43號
	「2007年度《指南》」確定了當年應優先發展的資訊、生物、航空航天、新材料、先進能源、現代農業、先進製造、先進環保和資源綜合利用、海洋十大產業中的130項高技術產業化重點領域，其中資訊20項，生物17項，航空航天6項，新材料24項，先進能源15項，現代農業14項，先進製造18項，先進環保和資源綜合利用10項，海洋6項。重點內容提出了自主創新成果，體現了發展高技術產業、推進產業結構優化升級、建設社會主義新農村、建設資源節約型社會和環境友好型社會的需求。	《當前優先發展的高技術產業化重點領域指南》國家發改委科學技術部商務部國家知識產權局公告2007年第6號

續表

	具體措施	出處
需求方的創新政策	1. 在政府採購過程中，採購人應優先購買自主創新產品；採購人採購的產品屬於目錄中品目的，招標採購單位應當合理設定供應商資格要求，在供應商規模、業績、資格和資信等方面可適當降低對自主創新產品供應商的要求，不得排斥和限制自主創新產品供應商；採用邀請招標方式採購的，應當優先邀請符合相應資格條件的自主創新產品供應商參加投標；採用競爭性談判和詢價方式採購的，應當優先確定自主創新產品供應商參加談判、詢價。 2. 採用最低評價標價法評標的項目，對自主創新產品可以在評審時對其投標價格給予5%～10%幅度不等的價格扣除。 採用綜合評分法評標的項目，對自主創新產品應增加自主創新評審因素，在價格評標項/技術評標項中可以對自主創新產品給予價格評標總分值/技術評標總分值的4%～8%幅度不等的加分； 採用性價比法評標的項目，對自主創新產品可增加自主創新評分因素和給予一定幅度的價格扣除，在技術評標項中增加自主創新產品評分因素，給予投標報價4%～8%幅度不等的價格扣除； 採用競爭性談判、詢價方式採購的，應將對產品的自主創新要求作為談判、詢價的內容。在滿足採購需求、品質和服務相等的情況下，自主創新產品報價不高於一般產品當此報價的最低報價5%～10%的，應當確定自主創新產品供應商為成交供應商。	《財政部關於印發〈自主創新產品政府採購評審辦法〉的通知》財庫〔2007〕30號

續表

	具體措施	出處
需求方的創新政策	自主創新產品政府採購合約應當在履約保證金、付款期限等方面給予自主創新產品供應商適當支持。	《財政部關於印發〈自主創新產品政府採購合約管理辦法〉的通知》財庫[2007] 31號
	政府採購應當採購本國產品，確需採購進口產品的，實行審核管理；採購人採購進口產品時，應當堅持有利於本國企業自主創新或消化吸收核心技術的原則，優先購買向我方轉讓技術、提供培訓服務及其他補償貿易措施的產品。	《財政部關於印發〈政府採購進口產品管理辦法〉的通知》財庫[2007] 119號
促進產業界與科學界聯繫	建設國家工程實驗室。2006年國家發改委提出建設以產業發展需要為出發點，以提高企業自主創新能力和產業核心競爭力為宗旨，建立產學研相結合的研究開發實驗體「國家工程實驗室」。國家工程實驗室主要依託具有較強研究開發和技術輻射能力的大企業、科研機構或高等院校。國家將對符合相關標準的國家工程實驗室建設予以一定資金補助。國家工程實驗室的運行和科研經費主要依託單位、有關合作單位自籌以及爭取企業委託的科研課題經費解決。	《關於印發〈關於建設國家工程實驗室的指導意見〉的通知》發改辦高技[2006] 1479號
	1.國家大學科技園是以具有較強科研實力的大學為依託，為高等學校科技成果轉化、高新技術企業孵化、創新創業人才培養、產學研結合提供支撐的平台和服務的機構。 2.國家大學科技園自認定之日起，一定期限內免徵營業稅、所得稅、房產稅和城鎮土地使用稅。 3.國務院科技和教育行政管理部門根據建設發展績效統計報表等對國家大學科技園進行年度績效評價，對成績突出的國家大學科技園給予支持。	《關於印發〈國家大學科技園認定和管理辦法〉的的通知》國科發高字[2006] 487號

續表

	具體措施	出處
促進產業界與科學界聯繫	企業國家重點實驗室是國家技術創新體系的重要組成部分，是開展行業應用基礎研究、聚集和培養優秀科技人才、開展科技交流的重要基地，是發展共性關鍵技術、增強技術輻射能力、推動產學研相結合的重要平台。	《關於依託轉制院所和企業建設國家重點實驗室的指導意見》國科發基字[2006]559號
	推進企業技術中心建設，確立企業技術創新和科技投入的主體地位，對國民經濟主要產業中技術創新能力較強、創新業績顯著、具有重要示範作用的企業技術中心，國家予以認定，並給予相應的優惠政策，以鼓勵和引導企業不斷提高自主創新能力。	《國家認定企業技術中心管理辦法》國家發改委令2007年第53號
	1.國家工程研究中心是指國家發改委根據建設創新型國家和產業結構優化升級的重大戰略需求，以提高自主創新能力、增強產業核心競爭力和發展後勁為目標，組織具有較強研究開發和綜合實力的高校、科研機構和企業等建設的研究開發實體。 2.進入預備期的工程中心，可根據國家發改委的批覆文件，提出創新能力建設項目，申請國家資金補助；對於已通過正式核定三年以上，且評價結果為優秀或良好的工程中心，也可提出創新能力建設項目申請國家資金補助。	《國家工程研究中心管理辦法》國家發改委令2007年第52號
集群	進一步完善支持國家高新區增強自主創新能力的財稅金融政策。國家政策性銀行在規定的業務範圍內，對符合國家有關規定的國家高新區基礎設施建設項目、公用事業項目及自主創新活動給予信貸支持。	《關於印發〈促進國際高新技術產業開發區進一步發展增強自主創新能力的若干意見〉的通知》國科發高字[2007]152號
推進科技基礎設施建設	推進大型科學儀器設備、設施的共建共享，逐步形成全國性的共享網路；改善現有的野外觀測台站觀測環境和科研條件，形成一批聯網運行和資源共享的綜合性、專業性野外觀測試驗基地。	《國務院辦公廳關於轉發發展改革委等部門國家自主創新基地能力建設「十一五」規劃的通知》國辦發[2007]7號

續表

	具體措施	出處
鼓勵創新擴散	1.政府投資建立的科研基地和科研基地設施非涉密或國家無特殊規定的，均應向企業及社會開放；建立訊息網站和公共訊息交流服務平台，向企業及社會發布開放工作訊息；為企業及社會使用科學儀器設備提供服務；擁有的種質資源、標準物質、標本和樣品、科學數據和文獻等向企業和社會開放；有條件的應面向企業及社會設立開放課題並予以經費資助；根據企業和社會需求開展技術人員培訓等。 2.科研基地和科研基礎設施的開放情況應作為其運行績效考核的重要指標。成績突出的予以表彰和獎勵。	《關於進一步推動科研基地和科研基礎設施向企業及社會開放的若干意見》國科發基字[2006]558號
知識產權改革	1.對具有以下作用的科技計劃項目，可根據相應科技計劃管理辦法，在立項時給予優先考慮：有助於形成中國經濟與社會發展急需的重要公益性技術標準；有助於重要技術標準形成國際標準；有助於重點產業關鍵技術形成技術標準；有助於形成顯著提高中國產業國際競爭力的技術標準；有助於形成促進軍民一體化的技術標準；有助於形成中國重要技術性貿易措施的技術標準。 2.涉及重要技術標準關鍵技術研究的項目，在立項時要對相關技術標準狀況進行綜合分析和說明，並將形成的技術標準作為項目的重要考核指標之一。項目驗收時，要對重要技術標準的相關指標進行考核，作為項目承擔單位今後繼續承擔科技計劃項目的依據之一。 3.鼓勵企業結合項目實施，聯合高等院校、科研院所等開展相關重要技術標準關鍵技術研究。 4.項目研究成果有望形成重要技術標準的，項目承擔者在項目驗收報告中提出後續技術標準相關研製的建議，在科技計劃滾動立項時應予以優先支持。 5.結合科技計劃項目實施，支持有能力的研究開發機構成為重要技術標準關鍵技術研發基地。	《關於印發〈科技計劃支持重要技術標準研究與應用的實施細則〉的通知》國科發計字[2007]24號

續表

	具體措施	出處
知識產權改革	1.政府相關部門積極旅行政府訊息公開和服務職能,加強知識產權基礎信息、科技發展重點領域專業化訊息的數據庫建設,向社會開展公益性服務。鼓勵和支持社會力量投資建設面向社會服務的商業化知識產權資訊庫。指導和支持企業、科研機構、高等學校根據自身需要建立專門的知識產權資訊庫。 2.圍繞知識產權的創造、保護、管理和運用,擴充其它知識產權服務功能,鏈接知識產權法律專家資訊庫、技術專家資訊庫、技術交易資訊庫、知識產權服務機構資訊庫等,爲科技創新提供系列配套的知識產權訊息服務。	《關於提高知識產權訊息利用和服務能力推進知識產權訊息服務平台建設的若干意見》國科發政字[2006]562號
公共研發成果的商業化	1.建立留學人員創業園區、大學科技園創業服務公共訊息網路平台,完善園區和基地的孵化器功能、項目管理功能,拓寬投融資渠道,爲留學人員回國創業創造良好的孵化環境,吸引和凝聚一批掌握現代科技成果,擁有自主知識產權,同時具有現代化企業管理知識和市場運作能力的優秀人才與國內用人單位加強合作,走產學研相結合的道路。 2.教育部和科技部定期舉辦「春暉杯」中國留學人員創新創業大賽活動,建立由海外優秀留學人才,留學人員創業園、大學科技園區,風險投資機構共同參與的創業平台。	《教育部關於進一步加強引進海外優秀留學人才工作的若干意見》教外留[2007]8號
促進創新參與者的國際化	1.教育部透過多種渠道和形式發布國內引進海外留學人才需求訊息和有回國意向海外優秀留學人員訊息,搭建網上在線交流、洽談等雙向互動平台,推動國內用人單位與有回國意向海外優秀留學人員的對接; 2.實施「211工程」、「985工程」的高等學校和實施「百人計劃」的科研機構將吸引優秀留學人才回國工作作爲工程建設的重要內容,規劃專門經費支持和資助海外優秀留學人才回國工作或以多種形式爲國服務。	

續表

	具體措施	出處
促進創新參與者的國際化	1.加大「長江學者獎勵計劃」、「新世紀優秀人才支持計劃」等項目對於優秀留學人才回國工作的支持和獎勵力度。 2.大力實施「高等學校學科創新引智計劃」（「111計劃」），採取團隊引進、核心人才帶動等多種方式引進海外優秀人才，促進學科發展與人才培養，推動高水平研究型大學建設。 3.加大教育部「春暉計劃」支持海外優秀留學人才短期回國服務的力度。鼓勵海外優秀留學人才利用「春暉計劃」資助短期回國服務，透過合作促成軟著陸，最終實現部分優秀留學人才長期回國工作。	《教育部關於進一步加強引進海外優秀留學人才工作的若干意見》教外留[2007]8號
	進一步加大「留學回國人員科研啓動基金」的資助力度，擴大受資助人數，縮短「留學回國人員科研啓動基金」的評審週期，爲優秀留學人才回國後盡快啓動科研工作創造條件，促進優秀留學人才在國內扎根和發展。	《教育部關於進一步加強引進海外優秀留學人才工作的若干意見》教外留[2007]8號
促進創新參與者的國際化	1.鼓勵和支持有比較優勢的各類企業對外投資，適用於屬於下列情形之一的：①能夠獲得國內短缺以及國民經濟發展所急需的資源或材料；②能夠帶動國內具有比較優勢的產品、設備和技術等出口和勞務輸出；③能夠明顯提高中國技術研究開發能力，以及能夠利用國際領先技術、先進管理經驗和專業人才。 2.對鼓勵類境外投資項目，國家在宏觀調控、多邊經貿政策、外交、財政、稅收外匯、海關、資源訊息、信貸、保險，以及雙多邊合作和外事工作等方面，給予相應政策支持。具體支持政策措施細則由相關部門根據職能制定和實施。	《關於印發〈境外投資產業指導政策〉的通知》發改外資[2006]1312號

續表

	具體措施	出處
企業自主創新激勵分配制度	1. 對職務技術成果完成人，企業應當依法支付報酬，並可以給予獎勵。 2. 企業在實施公司制改建、增資擴股或者創設新企業的過程中，對職工個人合法擁有的、企業發展需要的知識產權，可以依法吸收為股權（股份）投資，並辦理權屬變更手續。 3. 企業實現科技成果轉化，且近3年稅後利潤形成的淨資產增值額占實現轉化前淨資產總額的30%以上的，對關鍵研發人員可以根據其貢獻大小，按一定價格係數將一定比例的股權（股份）出售給有關人員。	《關於企業實行自主創新激勵分配制度的若干意見》財企[2006]383號

表二 近年國外本土創新主要政策

	國別	具體措施
加強企業研發與創新	丹麥	2008年起，增加40%對研發與創新的支持，包括建立新的國家創新能力基礎設施、創新網路和創新券計劃。2009年設立新的綠色增長基金，支持中小企業中的綠色轉型與發展（1億歐元，2010~2012年）。
	英國	提出關於新資金的計劃，支持低碳投資（2.5億英鎊）；為技術戰略委員會提供5000萬英鎊支持先進製造業、低碳技術和生命科學領域的創新研究；為英國貿易投資總署提供1000萬英鎊促進技術發展。
	荷蘭	2008年推出新的創新信貸計劃，以滿足高風險創新項目的需求；2009年開始的5000萬歐元結構預算每年支持10~20個發展項目；地方和區域的權力機構創建了數個貸款和信貸計劃（如林堡創新基金加速議程）。
激勵對研發創新的私營投資	荷蘭	WBSO計劃（研發稅收抵免計劃），透過減少公司所得稅和社會保障稅降低研究人員的成本。
	美國	透過競爭性研發合約直接企業研發。
	法國	2008年，每1美元的研發開支將獲得0.425個單位的稅收減免。
	西班牙	透過補助金、補貼或貸款支持企業研發；2008年，每1美元的研發開支將獲得0.349個單位的稅收減免。
	比利時	社會費用的稅收減免計劃允許降低在私營部門和公共部門中研究人員的工資。這種額外提供給大學和公共研究機構的資助約2億歐元，在提供給高等教育研發支出的12億歐元中，政府資助8.44億歐元。
支持中小企業和創業企業的研發與創新	德國	在其第二套經濟刺激計劃背景下，德國承諾為中小企業2009和2010年的研發提供9億歐元資助，該計劃正被擴大到包括擁有1000名員工的較大型企業；2009年撥款超過9.5億歐元給中小企業用作技術獎金；「高科技初創企業基金」總量約2.72億歐元，將風險資本投資提供給年輕的技術企業。

續表

	國別	具體措施
支持中小企業和創業企業的創發與創新	加拿大	2009年決定兩年內提供2億加拿大元資助技術型中小企業行動計劃：「創新商業化計劃」（兩年內提供4000萬加拿大元），聯邦部門和機構將採用並展示由中小企業開發的創新原型產品和應用技術；提供3.5億加拿大元用於擴展風險資本的活動，此外預留額外的7500萬加拿大元創建新的私營風險資本基金，目標對象是出於後期階段的技術企業；2009年，「商務信貸資助計劃（BCAP）」，主要針對中小企業提供至少50億加拿大元的資助。
	芬蘭	為中小企業購買創新服務提供資金，包括35%或50%的財政補助金，或最高達總成本70%的貸款。
	法國	2008年，「戰略產業創新（ISI）」，幫助有高增長潛力的中小型企業在涉及企業與能力中心的合作項目框架中發展具有突破性的創新（年度預算1.5億歐元）；分配15億歐元給國家創新與中小企業署（OSEO），作為中小企業的補助金、預付款、擔保和貸款，使OSEO能承擔更高風險。
	瑞典	中小企業貸款公司（Almi）大幅擴大；推出「Almi投資（Almi Invest）」資金，以100萬～1000萬瑞典克朗的水平對中小企業投資。
	丹麥	2008年制定了「創新券計劃」，向所有科學領域的項目開放，旨在減少官僚措施。包含兩種：1.「基本」券，用於以研究為基礎的商業發展項目，確保知識從研究階段轉移到中小企業（40%由國家出資，高達10萬丹麥克朗）；2.「擴展」券，提供給較大型的研發合作項目，找到現有問題的新的解決方法（20%國家出資，高達50萬丹麥克朗）。
	荷蘭	2008年起，為企業提供超過2萬張創新券；2009年另發8000張創新券給中小企業。低門檻的准入、數位形式使其在中小企業中涵蓋廣泛。開展試點項目，其中1000張創新券可以向私營知識供應商兌現。

續表

	國別	具體措施
支持特定產業和技術領域中的研發與創新	加拿大	「航空航天和國防戰略計劃（SADI）」，為航空航天、國防、安全和航天工業等領域中的產業科研提供有償投資（每年高達2.25億加拿大元）。「加拿大汽車合作夥伴計劃（APC）」，五年內（2009年～2014年）提供1.45億加拿大元以支持由產業帶動的合作研發；「汽車創新基金（AIF）」，創建於2008年至2009年，總額達2.5億加拿大元，用於支持大型研發項目。8000萬加拿大元的有償捐助分配給「加拿大復興項目」的福特汽車公司，用於建立柔性的發動機裝配工廠（安大略省），以及創建新的「柴油機與先進動力傳動北美研究中心」（到2012年資助7.3億加拿大元）
	法國	2009年，「汽車產業緊縮計劃（Pacte Automobile）」，為汽車製造商提供65億歐元參與貸款、由中小企業署（OSEO）管理的高達90%的保證基金、6億歐元的部門資金、較高的部分失業補償、以及創新支持計劃。增加7000萬歐元資金資助奈米技術的研究。
	瑞典	2009年底創建風險投資公司Fouriertransform AB，以便在商業上資助汽車產業集群中可行的投資和研發項目。已分配該公司3億歐元風險資本，投資旨在加強瑞典汽車產業國際競爭力的運營活動，尤其是安全和環境保護等方面。
	日本	「日本新增長戰略」，透過促進創新藥物和醫療與護理技術的發展，及加強藥物開發企業，解決老齡化社會和長壽的問題。
	韓國	「綠色新政」計劃，四年內對綠色技術研發的總投資將達47億美元。
服務業的研發與創新和非技術創新	法國	2008年實施「2010年質量與績效計劃」，透過組織和集體行動的資助（診斷、宣傳活動和運營工具的實施），加強對中小企業最佳實踐的普及和撥款。加強為紡織、工業和藝術行業提供的總體稅收優惠政策，對法國和國外創意學校進行比較調查，對設計政策進行國際調查，以實施新的政策措施。

續表

	國別	具體措施
服務業的研發與創新和非技術創新	德國	每年投入1750萬歐元用於「服務創新計劃（2006～2011年）」，以便重新調整服務的研究；建立「服務特別工作小組」，以便將服務研究和技術研究結合在一起；健康和能源效率是最先啟動試點項目的領域。每年提供2250萬歐元用於發展工作場所的創新，並提供1000萬歐元透過導入培訓和個人發展的新概念來改善個體的就業能力。資助國際監測項目，以利於研究工作技能的發展。
	芬蘭	「社會與醫療保健服務創新（2008年～2015年）」方案，旨在更新社會和醫療保健的生產過程，提高服務的可用性及其品質和有效性，促進新的商業機會；「服務——服務企業先驅（2009年至2013年）」方案，旨在拓展服務業的發展，促進相關領域的研究。
	瑞典	2009年啟動瑞典創新體系署（VINNOVA）研究計劃，旨在加強服務主導領域中關於領導能力和組織機構的知識；在三年內撥款700萬歐元以激勵創意和文化部門。
	加拿大	開始實施由超過240個技術顧問組成的網絡。這些技術顧問位於全國各個技術社區、地方協會、大學和學院，協助企業實現從概念到產品的過程，提供技術意見、商業意見、推薦和其他的創新服務。
	丹麥	實施了一項有1億丹麥克朗年度預算（2007~2010年）的方案，以便加強在私營部門和公共部門中傳播用戶驅動型創新的方法；技術與創新理事會為新型合作提供了「開放資助計畫（OpenPool）」。重視改善設計部門的市場條件，提升丹麥設計的知名度，加強設計領域的研究、教育和培訓。
需求方的創新政策	澳大利亞	「澳大利亞產業參與（AIP）國家框架計畫（2001年）」的目標是支持產業創新、發展和加強競爭能力並利用投資機會；2009年澳大利亞政府宣布一系列措施，以擴大和加強該計劃，尤其要將其應用於大型聯邦投標（高於2000萬澳大利亞元）和聯邦基礎設施項目；強制澳大利亞供應商和由聯邦資助的基礎設施之間的聯繫（將提供850萬澳大利亞元給「產業能力網路計畫」）

續表

	國別	具體措施
需求方的創新政策	歐盟	「領先市場行動計劃（LMI）」確定了電子保健、防護紡織品、可持續建築、回收、基於生物的產品和可再生能源這幾個領域，透過採購、法規和標準的結合，加強這類市場中領先企業的競爭力。
	德國	透過《創新規範和標準》，德國聯邦經濟與技術部（BMWi）支持德國標準化協會（DIN）對高科技領域中的標準化要求進行早期的和系統性的確認，這些領域屬於國家的高科技戰略（如航空航天技術、微系統技術、奈米技術、醫療技術和生物技術），目的是為了給未來的創新提供最優的框架，促進創新市場化。
	芬蘭	國家技術創新局（Tekes）資助了創新的公共採購，降低了開發創新產品和服務的風險。採購的計劃階段，政府資助項目總經費的25%～75%；採購的執行階段，為採購者及供應商的研發與創新開支提供融資。
	法國	2009年3月頒布的《法國經濟現代化法》的第26條促進了從中小企業中採購創新，為創新型中小企業保留了15%的小型技術合約。該條款適用於所有有資格獲得FCPI（公共創新基金）資助的企業，即開支的10%～15%用於研發的中小企業或滿足其他關於創新條件的中小企業。
	英國	目標是使政府採購更有利於創新。採購部門（政府商務辦公室（OGC））和創新部門（商務、創新與技能不（BIS））為採購者提供了關於如何確保創新被納入採購活動中的可行意見。透過支持制定有利於互換和互操作的技術標準，使用標準來支持對生物識別技術的需求。
	美國	建立激勵制度以刺激對先進的醫療訊息技術系統的需求，其基礎是兩個大型公共醫療計劃：醫療補助計畫（Medicaid）和醫療保險計劃（Medicare），並制定相關認證標準，證明合格的電子健康紀錄可以滿足特定的「有效使用」標準。同時，資助區域推廣中心來協助用戶選擇和實施合格的電子健康紀錄系統。

續表

	國別	具體措施
促進產業界與科學界聯繫	瑞典	對《高等教育法》進行修訂,將建立外部合作夥伴關係引入高等教育機構的使命中,鼓勵科研成果開發;擬定合約範本,規範合作研究項目的權責。劃撥針對戰略研究方向的額外資金,用於間接支持由企業涉入的合作項目;撥專款用於將學術研究、基於需求的研究和與企業有關的研發中心整合起來。
	以色列	計劃新建30個以色列卓越研究中心(ICORE),總預算約3.5億美元,第一批的四所卓越中心將在2010～2011學年內建成。成立聯合基金組織支持生物技術。成立兩所致力於水資源和可再生能源研究的技術中心,促使專有技術向產業界轉移。列磁計劃(The Magnet Programme)基金將對新一代共性技術的競爭前階段研發的產業和學術界合作方提供財政支持。
	法國	撥出4億歐元作為新法國環境與能源管理署的示範基金(2009年～2012年),促進具有產業規模的新技術測試,幫助驗證技術選擇的有效性。創建新的聯盟,對某一領域的主要參與者進行協調,制定專題研發項目。
	加拿大	2008年,投資進一步實施卓越研究中心網路計劃(NCE),重點項目包括:企業主導的NCE獲得為期四年,0.46億加元的投資;商業化和研究的卓越中心獲得為期五年,3.5億加元的投資;大學和社區創新項目獲得為期五年,0.18億加元的投資,並將在2011～2012年度獲得再追加投資0.3億加元。
集群	加拿大	撥出專款扶持汽車、製造業、林業、漁業、健康產業的合作研究;積極推動奈米科技有關的大型研究項目上開展合作;向區域經濟發展署發放新款。(如大西洋加拿大機會機構獲得一年0.19億加元的投資;加拿大魁北克地區經濟發展組織獲得一年0.146億加元的投資;加西經濟多元發展署獲得了一年0.147億加元的投資。)
	美國	將撥出一筆跨機構投資款項,對能源區域創新集群計劃(E-RIG)進行支持。這一項目將在發展創新節能建築技術、設計和體系的同時促進區域經濟增長。

續表

	國別	具體措施
集群	瑞典	啟動了健康服務領域的創新渠道計劃，旨在促進縣市政府範圍內健康服務領域的新創意轉變為需求驅動下的創新。
	丹麥	2010年建立了創新研究戰略平台（SPIR），由丹麥戰略研究委員會和技術創新委員會共同出資鼓勵專題領域內的大型產學合作關係。該計劃首先面向能源和食品生產方面的問題。
	芬蘭	建立新的科技創新戰略中心（SHOK），開辦面向企業和研究機構的常設論壇，提供培訓、招聘的渠道和國際合作的機會。目前有六所中心在運行，涉及領域包括：林業、資訊通訊技術產業和服務業、金屬製品和機械工程產業、能源和環境產業、環境創新產業、健康和福利產業。
	德國	前沿集群競爭計劃，旨在對產業界與科學界之間的戰略合作關係提供支持。2008年和2010年共有十個集群被選為受益對象，每個集群獲得為期五年、最高為0.40億歐元的投資。此外，還將在其卓越計劃框架下建立以大學為中心的卓越集群，以往兩次撥款中有37個集群被選中，每一集群獲得為期五年，平均0.318億歐元的資助。
	希臘	2006年創建首個創新集群，即微集群（奈米/微電子和嵌入系統領域）。已有來自全國各地的100多家成員組織。目標是提升知識密集型和外向型技術部門的競爭力、企業精神和創新能力，創建可持續發展的創新生態系統。
	瑞士	SystemsX..ch創新行動，目的是為推動系統生物學發展。該網路是由九所高校、三所研究機構參與的網路與合作體系，獲得了聯邦預算（2008-11）1億瑞士法郎的撥款，以及產業界和其他基金組織的投資。Nano-Tera.ch行動，旨在讓瑞士躋身21世紀人類和環境健康安全領域內工程訊息技術革新領先國家行列，獲得總預算1.2億瑞士法郎的撥款。
	荷蘭	推出一項為期四年的區域政策計劃，三角洲高峰（Peaks in the Delta），旨在加強重點領域的領先地位，提升位於荷蘭六個地區的，具有國家意義的優勢經濟集群的增長速度和創新能力。包括一個補貼方案，將對重點區域參與者的研發合作項目進行支持、提供企業孵化方案、透過特別教育培養項目向集群輸入合乎要求的技術職工、促進大專院校的創新能力、提升組織能力。

續表

	國別	具體措施
推進科技基礎設施建設	丹麥	設定目標，到2020年以前，向所有公民和企業提供高速（至少100Mbit/s）寬頻服務（之前目標是2010年達到512kbit/s），確保丹麥成為世界上寬頻基礎設施最好的國家。
	西班牙	將透過國家研究與教育光纖網路（Redlris optical fibre network）撥款支持新一代基於資訊通訊技術的服務。
	芬蘭	芬蘭大學網路服務（Funet network service），根據研究教育的需求提供超高速的數據通訊網路服務。芬蘭IT科學中心（CSC）作為一家非營利公司，向學術機構、研究機構和公司提供IT支持和資源。
	比利時	已建成比利時國家教育和研究網路（BELNET），該網所用光纖全長超過1650公里，涵蓋整個比利時國土，能夠向約200所教育研究機構、研究中心、政府和公共服務部門提供互聯網和全球研究網接入服務，用戶超過65萬。
	法國	推出一項透過更好地應用資訊通訊技術來加強中小企業競爭力的ICT&SME 2010行動計劃（TIC&PME 2010），旨在整合同一企業機構中的中小企業力量，並開發基於國際標準的通用工具。發布PMI-Diag指導方針，幫助中小企業評估其IT系統、組織和策略的完善性。
鼓勵創新擴散	美國	建立中央Data.gov網站，由美國聯邦政府創建並維護，網站數據可被輕易找到並下載，旨在提升聯邦數據的可訪問性，開拓政府職權管轄範圍以外的創新應用、促進創新。2009年，發布《透明和開放政府備忘錄》，旨在制定政府透明度、參與度和協調性原則，並消除公眾與政府的隔膜。國家自然科學基金會建立將多個聯邦機構的服務與資源整合於一體的Research.gov網站。
	加拿大	推出新系統和新服務（如IT和雲計算服務），幫助公眾獲取公共研究成果，加速知識向品質升級的健康產品和服務轉移過程。對加拿大聯邦研究資助機構的計劃和行動做出調整，包括盡職過程中的協調，及某些服務的協同定位。如2008年4月，兩個加拿大研究資助機構，國家研究委員會（NRC）和國家科學與工程研究理事會（NSERC）就技術驅動的奈米技術研究項目的聯合徵集達成合作。

續表

	國別	具體措施
鼓勵創新擴散	挪威	開發了整合相關科研訊息的新資訊系統，創建文獻數據庫（挪威科技索引），囊括了公共研究部門的所有科技出版物。計劃自2011年起，為所有研究機構打造一個通用資訊系統平台。將囊括最重要的研究成果（如出版物、引用、創新）、正在進行的研究活動（如研究項目）、現有研究基礎設施和人力資源競爭力在內的相關訊息。
	芬蘭	創建國家資源中心——社會科學數據檔案（FSD），對用於研究、教學、學習目的的數字社會科研數據進行存檔、推廣和傳播。推出國家數字圖書館項目，旨在提升電子圖書館、電子文檔和電子博物館的長期存儲體系。自2011年起，它將提供包括圖書館、文檔和博物館的電子訊息資源與服務。競爭力提升項目（Apps4Finland），透過向公眾提供開放數據，開闢了公共部門數據應用的新模式。
知識產權改革	荷蘭	2009年，荷蘭的專利立法改革生效，收費結構得到調整，手續費下調，取消了六年期（非審查）專利，並引入用英文申請（國內）專利的可能性。
	德國	全國性技術轉移平台SIGNO於2008年宣布將透過法律保護和推進創新概念的商業化進程來支持高等教育機構、中小企業、新創企業和發明者。2008年開始實施《加強知識產權實施管理行動法》，加大知識產權管理力度。
	歐盟	經濟危機背景下，歐盟催促其成員國將專利申請費和專利維持費削減75%。歐委會於2009年採納了一份致理事會的行動建議，其中制定了歐委會在創建統一專利訴訟系統（UPLS）事宜中締結和約時的談判指令。歐洲和歐盟專利法庭（EEUPC）的成立會節省很多費用，降低訴訟費使中小企業得到更多專利權益保護。
	日本	「超快速審查系統」2008年開始試點。2009年起，與綠色科技有關的專利申請被認為有資格進入常規早期審查系統的試點審查程序中。為擴大高新醫藥領域的可專利項目範圍，日本對審查指導方針進行調整，並於2009年春對《專利法》進行修訂，調整非專有許可申請體系，延長申訴期，在此期限內可對某項駁回提出申訴。

續表

	國別	具體措施
公共研發成果的商業化	芬蘭	通過《大學發明法》，該法將會透過簡化知識產權所有權問題，改善大學的創新環境。在合約研究中，芬蘭大學被賦予相關權益。隨著產權的集中，知識轉移過程比以往更有效、更簡單。透過Tuli計劃（投資0.5億歐元，期限為2008～2014年）向研究人員和學生提供資助，幫助他們獲得專門的商業知識。
	法國	制定了知識產權管理特別授權原則，適用於致力於創新研究活動的公共研究機構（多為大學）。新法令將允許共同發明人減少交易費用，促進技術轉移。
公共研發成果的商業化	南非	2008年頒布了新的公共資助研究項目知識產權法規。據IPR-PFR法案設立了國家知識產權管理局（NIPMO），致力於推進面向高等教育機構和公共研究機構的技術轉移辦公室（OTT）的建立，從而對高等教育機構和公共研究機構在知識產權認證和管理、對知識產權立法進行監督、利益共享方面的活動提供支持。
	瑞典	向專注於技術、醫學或科學領域的大學和大學院校提供資助。「瑞典創新體系署（VINNOVA）關鍵參與者計劃」，旨在透過開發相關的專門技術、方法、過程和結構，以利於知識的利用和研究成果的商業化。在大學裡設立特別創新服務辦公室，為研究成果可能被產業化的研究人員提供服務。
促進創新參與者的國際化	德國	鼓勵大學制定國際化策略，透過校長會議提供支持和建議。2008年，聯邦政府推出一項國際化策略：1.加強與全球領先者的研究合作；2.加速創新潛力的國際開發；3.提升與發展中國家在教育、研究和發展上的長期合作關係；4.挖掘德國科研創新方面的潛力，應對氣候、資源、健康、安全和移民等方面的全球性挑戰。致力於加強國家網絡和集群的國際推介工作，目前有12個與環境技術、醫療技術、生命科學、運輸與資訊通訊技術領域相關的項目被選定。支持開發高等教育市場，自2001年起，幫助德國大學發展海外教育計畫。德意志學術交流中心（DAAD）於2008年制定「透過國際化提高品質」的學術交流指導方針。 根據中小企業創新促進計畫（ZIM），德國將向與歐洲之外的國外合作者聯合開發的項目提供相當於人事費用20%的額外資助。德國聯邦教研部（BMBF）國際司將幫助公共研究機構和中小企業發展國際網路關係。

續表

	國別	具體措施
促進創新參與者的國際化	丹麥	致力於加強與中國在研究和大學教育方面的合作，具體：在中國科學院研究生院中建立丹麥大學北京中心。這一中心有望容納來自兩國的300名碩士生、75名博士生和100名研究人員，預計運營費用一年0.13億歐元，由中國大學和丹麥大學以集丹麥政府共同承擔。
	西班牙	推出一項針對加拿大、中國、印度、日本或韓國等外國實體發展雙邊技術合作項目的西班牙公司的貸款計劃，優惠條件包括提供相當於合作預算75%的軟貸款，其中不用償還的部分可能高達33%。該計劃將支持聯合技術項目的實施，鼓勵開發和/或改進面向國際市場的新產品、新工藝和新服務。
	芬蘭	FinNode創新中心網路為國際企業提供平台，幫助其與芬蘭合作者建立業務聯繫，獲得最新研究或研發資源。該網路已經在中國、日本、俄羅斯和美國運行。
	瑞典	2009年推出試點計劃VINN EXPORT，以財政支持形式幫助在出口市場中有合作夥伴或客戶的中小企業發展創新能力。
	荷蘭	2009年推出prepare2start計劃（2009-2010），旨在透過以撥款補貼的形式支持新興市場投資可行性研究，幫助600家中小企業進入國際市場。
	加拿大	2008年，為發展加拿大和發展中國家在科技重點領域（環境、自然資源管理和資訊通訊技術）的研究合作關係，加拿大政府啟動了一個預算為620萬加元的計劃。

參考文獻

1.經合組織（OECD）科學、技術和工業展望2010〔M〕，科技部調研室、科技訊息研究所編，2011年4月版。

2.國家中長期科學和技術發展規劃綱要配套政策及實施細則文件彙編，科技部政體司、中國科學技術院所聯誼會，2008年5月版。

3.走向自主創新——尋求中國力量的源泉〔M〕，路風，廣西師範大學出版社，2006年版。

4.科技發展的國際化問題〔M〕，孫福全等著，經濟管理出版社，2011年版。

5.外資在中國研發戰略和我們的對策，郭鐵成、孔欣欣，紅旗文稿，2009年第8期。

6.關於促進中國創新服務業發展的幾個問題，徐冠華、郭鐵成、劉琦岩、王彥敏，科技日報〔N〕，2011年9月5日。

7.盡快謀劃和建立符合中國利益的全球創新體系，趙剛，調研報告，2011年第101期。

8.全球R ＆ D經費突破一萬億美元，中國自主創新邁入關鍵歷史階段，玄兆輝、王元、高昌林，學習時報〔N〕，524期。

9.從主要科技指標看中國自主創新面臨的內外部環境，王利政，高昌林，中國科技論壇〔J〕，2004年第12期。

10.從巴西「迷途的十年」看中國自主創新面臨的新環境，李

春景、吳家喜，創新科技〔J〕，2011年第5期。

11.國際產業轉移新趨勢及中國的對策，陳寶明，中國科技論壇〔J〕，2011年第1期。

12.當前典型國家科技國際化戰略述評，張換兆、劉冠男，科技與法律〔J〕，2011年第1期。

13.關於WTO《政府採購協議》對中國自主創新影響的認識，李春景，中國科技發展戰略研究院調研報告，2010年第136期。

14.金融危機背景下的國際貿易觀察，李哲、郭麗峰，太原科技〔J〕，2010年第3期。

15.中國知識產權侵權和自主創新政策對美國經濟的影響，美國國際貿易委員會，科技政策中心動態，清華大學中國科學技術政策研究中心編，2011年5月。

16.政府採購已成為中關村企業發展的驅動力，科技日報〔N〕，2011年6月9日。

17.中國「自主創新」政策將引發中美爭端，參考消息〔N〕，2010年7月29日。

18.跨國公司在中國播種「十二五」，人民日報〔N〕，2011年3月28日。

19.外資進入新興產業獲政策支持，經濟參考報〔N〕，2011年6月7日。

20.外企隨中國經濟「轉型」，人民日報〔N〕，2011年5月10日。

21.駐外科技調研簡報若干（略）。

22.中國需要實施本土化創新,埃德蒙·費爾普斯,21世紀經濟報導〔N〕,2011年4月15日。

23.「技術換市場」27年反思錄,衛金橋,《新週刊》〔J〕,2011年第10期。

24.公共技術採購中的政府角色分析,肖迪、黃培清、黃慶揚,科學管理研究〔J〕,2007年8月第四期。

25.美國政府技術採購促進戰略性新興產業發展分析,王宏、駱旭華,商業研究〔J〕,2010年11月。

26.作為創新政策工具的公共技術採購,胡衛,科學學研究〔J〕,2004年2月第22卷第1期。

27.BIS.Forward Commitment Procurement(FCP). [EB/OL]. [2011-10-15]. http://www.bis.gov.uk/policies/innovation/pro-curement/forward-commitment

28.DTI,DEFRA.G,Bridging the gap between environmental necessity and economic opportunity,[R/OL]. November2006. [2012-03-26]. http://webarchive.nationalarchives.gov.uk/+/http://www.bis.gov.uk/files/file3

29.BIS.Delivering Best Value Through Innovation-Forward commitment procurement：P ractical P athways to Buying Innovative So-lutions,November [R/OL] 2011. [2012-03-26]. http://www.bis.gov.uk/assets/biscore/innovation/docs/f/11-1054-forward-commitment-procurement-buying-innovative-solutions.pdf

30.OGC. Early Market Engagement Principles and Examples of Good Practice, [R/OL].2009: 3 [2012-03-26].http://www.sustainable -

procurement.org/fileadmin/template/scripts/sp re-sources/tools/put file.php?uid=252a1b11

31.FCP Case Studies: HM P rison Service Zero Waste P rison Mattress System [EB/OL]. [2012-03-26]. http://www.bis.gov.uk/assets/biscore/corporate/migratedd/publications/c/cs02

32.FCP Case Studies: Innovative Ultra Efficient lighting for Fu-ture Wards [EB/OL]. [2012-03-26]. Lightinghttp://www.bis.gov.uk/assets/biscore/innovation/docs/c/11-997-case-study-inno-vative-ultra-efficient-lighting.pdf

註釋

[1].David Sainsbury, The Race to the Top: A Review of Government's Science and Innovation Policies. October, 2007.

[2].2011國際科技動態翻譯報告之一，技術和創新的未來：2020年代英國的增長機遇，科學技術部國際合作司、中國科學技術訊息研究所，2011.4.

[3].指的是通往新產品和新服務的各種途徑，也是獲得更高生產力的手段。

[4].HM Treasury, Enterprise: Unlocking the UK's talent, March, 2008.

[5].指企業為執行規則而支付的直接費用。

[6].HM Government, One-in, One-out: Statement of New Regulation, April 2011.

[7].是市場化運作的非政府公共機構，接受商業、創新與技能部的領導但相對獨立，關鍵作用是解決英國在技術和創新領域存在

的零散問題。

[8].BIS.Forward Commitment Procurement (FCP). [EB/OL]. [2011-10-15]. http://www.bis.gov.uk/policies/innovation/procurement/forward-commitment

[9].EIAG（EnvironmentalInnovations Advisory Group）是塞恩斯伯裡勛爵於2003年創建的企業界領導的諮詢研究小組，由英國商業、企業管理改革部（BERR）和英國環境，食品和農業事務部（DEFRA）聯合管理，主要任務是研究英國環保產品和服務部門不能按預期速度發展壯大的原因，並提出應對措施，促使英國政府和企業利用環保技術有效促進創新。

[10].DTI, DEFRA.G, Bridging the gap between environmental necessity and economic opportu-nity, [R/OL].November2006.[2012-03-26]. http://webarchive.nationalarchives.gov.uk/+/http://www.bis.gov.uk/files/file3

[11].圖1內容來自於EIAG的報告：DTI，DEFRA.Bridging the gap between environmental necessity and economic opportunity，November 2006

[12].OGC.Capturing Innovation：Nuring Innovative Solutions.Evidence-based practical approa-ches：4[R/OL]. http://www.vpt.lt/admin/uploaded/2012/metodologija/UKMIN Finding and Pro-curing Innovative Solutions (3).pdf

[13].BIS.Delivering Best Value Through Innovation-Forward commitment procurement：Practical Pathways to Buying Innovative Solutions，November [R/OL] 2011. [2012-03-26]. http://www.bis.gov.uk/assets/biscore/innovation/docs/f/11-1054-forward-

commitment-procurement-buying-innovative-solutions.pdf

[14].OGC.Early Market Engagement Principles and Examples of Good Practice, [R/OL]. 2009: 3 [2012-03-26] .http://www.sustainable-procurement.org/fileadmin/template/scripts/sp re-sources/tools/put file.php?uid=252a1b11

[15].FCP Case Studies: HM Prison Service Zero Waste Prison Mattress System [EB/OL]. [2012-03-26]. http://www.bis.gov.uk/assets/biscore/corporate/migratedd/publications/c/cs02 hmps.pdf

[16].FCP Case Studies：Innovative Ultra Efficient lighting for Future Wards[EB/OL]. [2012-03-26]. Lightinghttp://www.bis.gov.uk/assets/biscore/innovation/docs/c/11-997-case-study-innovative-ultra-efficient-lighting.pdf

[17].WikiPedia: Forward Commitment Procurement.//Gaynor Whyles JERA Consulting Ltd.FCP information sheet-unpublished.Personal communication[EB/OL]. [2012-03-26]. http://en.wikipedia.org/wiki/Forward Commitment Procurement

[18].使能技術的定義是新技術以及應用現有技術生產新產品、提供新服務或提高生產效率。

[19].利益衝突協議通常是表明發表言論的一方與參評的任何一方都沒有利益衝突。

[20].轉引自《浙江省科協建言實施產學研合作創新券激發企業創新熱情》，http://www.hast.net.cn/dispart new.asp？id=6705。

[21].瑞士創新促進機構是瑞士的聯邦創新促進機構，是促進企

業和高等院校之間的知識和技術轉移的專門機構，該機構主要為企業和高等院校共同開展研發項目、為科技型企業建立和發展及透過網絡和平台轉移知識和技術進行投資。

[22].本報告為北京市軟科學計劃項目《創新券與新興創新政策工具研究》課題的子課題之一。

[23].郭鐵成、郭麗峰：《以創新券政策促進中小企業創新》，《科技日報》，2012年4月2日。

[24].新加坡標準、生產力與創新局（Standards，Productivity and Innovation Board，簡稱SPRING，隸屬新加坡貿工部（Ministry of Trade & Industry），負責新加坡標準化、計量、合格評定和質量管理。

[25].創新券計劃（Innovation Voucher Scheme），於2012年6月更名為創新與能力券（In-novation & Capability Voucher），本文為行文方便，通稱為創新券。

[26].提供知識服務的機構，Knowlege Institutions，下文簡稱知識機構或服務單位。以私營機構為主，公共機構主要為新加坡創新中心、新加坡科學技術研究局（A*STAR）、工藝教育學院、綜合性工藝學院和大學這五類，共二十餘所。

[27].IPMP，知識產權管理與保護（Intellectual Property Management and Protection）。

[28].ISO9001是由ISO國際標準化組織建立的ISO9000標準族中的核心標準之一，是由全球第一個質量管理體系標準 BS5750（BSI撰寫）轉化而來的。ISO9001是迄今為止世界上最成熟的質量框架，全球有161個國家／地區的超過75萬家組織正在使用這一框

架。ISO9001不僅為質量管理體系,也為總體管理體系設立了標準。它幫助各類組織透過客戶滿意度的改進、員工積極性的提升以及持續改進來獲得成功。

[29].SOPs:Standard Operating Procedures

[30].SAC DOC 2 HACCP: SAC-accredited HACCP Document No.2 Certificate,一種食品安全證書。

[31].SAMART:SME Management Action for Results

[32].IMPACT框架:Integrated Management of Productivity Activities,生產活動的綜合管理框架。

[33].知識提供者,是指知識機構裡提供具體服務的人,其姓名和聯繫方式均在聯繫人名錄上公開。

[34].申請網址為:https://apps2.spring.gov.sg/ICV/icvmainpage.aspx

[35].非親屬企業,指企業彼此間無子母公司關係,彼此非聯營公司,非現有股東所擁有的其他公司關係等。

[36].郭麗峰、郭鐵城:《用戶導向的政府創新投入政策——創新券》,《調研報告》第9期,2012年2月14日。

[38].中國明朝商人與當地馬來人通婚生下的女孩,稱為「娘惹」;娘惹糕是中國與東南亞風味混合的一種糕點。

[39].到2013年9月28日為止。

[40].郭麗峰,郭鐵城:《用戶導向的政府創新投入政策——創新券》,《調研報告》,2012年第9期。

[41].聯合券,見註解12。

國家圖書館出版品預行編目(CIP)資料

全球化對中國自主創新政策的影響 / 郭鐵成, 郭麗峰, 程如煙 著.
-- 第一版. -- 臺北市：崧燁文化，2019.01

面； 公分

ISBN 978-957-681-676-5(平裝)

1.經濟發展 2.中國

552.2   107022002

書　名：全球化對中國自主創新政策的影響
作　者：郭鐵成、郭麗峰、程如煙 著
發行人：黃振庭
出版者：崧燁文化事業有限公司
發行者：崧燁文化事業有限公司
E-mail：sonbookservice@gmail.com
粉絲頁　　　　　　網　址：
地　址：台北市中正區重慶南路一段六十一號八樓815室
8F.-815, No.61, Sec. 1, Chongqing S. Rd., Zhongzheng Dist., Taipei City 100, Taiwan (R.O.C.)
電　話：(02)2370-3310　傳　真：(02) 2370-3210
總經銷：紅螞蟻圖書有限公司
地　址：台北市內湖區舊宗路二段121巷19號
電　話：02-2795-3656　傳真：02-2795-4100　網址：
印　刷：京峯彩色印刷有限公司（京峰數位）

　　本書版權為九州出版社所有授權崧博出版事業股份有限公司獨家發行電子書繁體字版。若有其他相關權利及授權需求請與本公司聯繫。

定價：400 元
發行日期：2019 年 01 月第一版
◎ 本書以POD印製發行